食べられる生きものたち

世界の民族と食文化48

『月刊みんぱく』編集部 編

丸善出版

はじめに

人類が地球にあらわれたのは今から七〇〇万年前。わたしたち現代人の祖先、ホモ・サピエンス（新人）がアフリカに誕生したのが二〇万年前のことと考えられる。その一〇万年後にはアフリカを出て地球のあちこちに進出し、多様な環境に定着した。暑い熱帯や四季のある温帯、寒い極北、そして海に囲まれた島や標高の高い山岳などに住みつくために、人類はさまざまな文化をつくり出してきた。この文化は、食料を手に入れて料理する方法、服装、住まいやモノをつくる技術、家族や集団のしくみや社会の秩序を守るしきたり、ことばやコミュニケーションの手法、音楽や踊りや絵などの芸術、そして心の支えになる呪術や宗教など、人間がつくり出したものすべてをさす。

人類の歴史の九九・九パーセントは採集狩猟の生活であった。現在の採集狩猟民は、砂漠、熱帯雨林、極北など農耕に適さない土地に住んでいる。一方、定着農耕は今から九〇〇〇年前に、チグリス・ユーフラテス川の低地部で始まった。ムギ類の本格的な栽培で、ヒツジやヤギの牧畜の始まりも、同じころといわれる。農業は、一定以上の気温と降雨量に恵まれる地域に、牧畜は乾燥地帯に適している。

農耕は世界各地で独自におこなわれてきたが、その栽培植物の起源地は限られている。ムギ類は中東、コメ、サトイモ、ヤマノイモは中国とインドにかけての地域、ジャガイモ、サツマイモ、トウモロコシは中南米。日本にジャガイモやサツマイモが、ヨーロッパとアジアを経由して伝えられたのは、江戸時代初めのころである。伝統的な牧畜は現在、アフリカ、ヨーロッパ、西・中央アジア、ヒマラヤの山岳部、南アメリカなどで、ウシ、ウマ、ラクダ、ヒツジ、ヤギ、リャマ、アルパカなどが飼われている。人類は食料を得るための知識と技術を開発することによって、多様な環境に住みつくことを可能にしてきたのである。

現在、地球上には約六〇〇〇の固有の民族言語を話す集団が確認されている。これらの集団ないし民族は、お互いに接触交流する歴史を積み重ねてきた。とりわけ、一五～一六世紀からの大航海時代は、西欧人が「未知の世界」に住む人びとを「発見」したときである。それ以降、西欧の宗教と文明が、善きにしろ悪しきにしろ世界を席巻してきた。そして、二〇世紀末からは、運輸通信技術の発展によりモノ・カネ・情報や文化、そして人が国境を越えてさかんに移動できるようになった。その結果、人間の生活の仕方や考え方が画一化されてしまうではないかと危惧されている。

世界が狭くなり簡単にほしいものが手に入るようになったとはいえ、地域に長く住んできた人びとが編み出した生活様式や価値観などは、根強く生きつづけている。その祖先から受け継いだ知識や技術、しきたりや習慣こそがみずからの文化であり、自分自身と集団の誇りになるからである。

国立民族学博物館（民博＝みんぱく）は、博物館機能をそなえた文化人類学と民族学の研究所である。みんぱくの研究者たちは、世界各地で人びとの生活や社会や文化についてフィールドワークをおこない、人間の文化の多様性と共通性を展示によって表現している。また、本や映像やメディアなどさまざまな媒体を利用して、現地の生活や文化的背景などについても明らかにしている。そのひとつが、本館の広報誌『月刊みんぱく』である。本書で取り上げたエッセイは、二〇〇四（平成一六）年から二〇一〇（平成二二）年にかけて連載された『月刊みんぱく』の「生きもの博物誌」の記事が中心になっている。執筆者は、みんぱくの教員と共同研究員たちである。

本書は、地球上の四八の地域に住む人びとが、自然とかかわり、動物や草木虫魚とともに暮らし、いかにして生き物を生活のなかに取りこんでいるかをつぶさに描いている。「食べられる生きものたち」は、植物、海藻、果実、昆虫、魚類、貝類、クジラ、カメなどのなじみ深いものから、アザラシ、ラクダ、ゾウなどの海獣や大型動物にいたるまでじつに多彩だ。本書をとおして、グローバル化のただなかで、固有の知識と技術をたよりに「豊かな生」を実践している人びとの姿を読み解き、人間と自然とのかかわりについて、新たなヒントがえられることを願う次第である。

二〇一二年　六月　　国立民族学博物館館長　須藤健一

目次

③南アメリカ

④北アメリカ

⑤北アジア

⑨日本《概説》

食べられる生きものたち

世界の民族と食文化48

1 ヨーロッパ《概説》

ヨーロッパはユーラシア大陸の一部にすぎないが、そこにみられる文化は多様である。山脈、平野、海岸が入りみだれ、また、大西洋の暖流と偏西風のおかげで、かなり北に位置しているにもかかわらず、人間の生活には好適である。

古くから移動、交流をくりかえした民族の数は多く、モザイクのように多様な文化をつくりあげてきた。家畜をともなう有畜農業が基本であり、「麦」と「乳」、「ブドウ」が代表的な生産物といえよう。

ヨーロッパの食事は、小麦やライ麦を用いたパンと乳製品が基本である。庶民の日常生活において、肉食の占める割合が高くなったのは比較的最近のことである。また保存用の調理加工の技術が発達しているのも特色である。

おもな精神的支柱はキリスト教であるが、背後にはヨーロッパの土着的な文化が根づいている。たとえば、豊作と幸福を祈って、シラカバやブナの木などを戸口や広場に立てるメイポールの習俗、火祭りや仮装行列などもキリスト教以前から伝えられたものである。

住居は木と石が基本である。木材の豊富な北欧では校倉《あぜくら》造りの家がみられ、東欧の産地やアルプスにも木造が残っている。一方、石材の豊富な地中海地域は、石造りの家と白漆喰が特徴であるが、伝統的な住居は急速に姿を消している。

言語は系統的には、インド・ヨーロッパ語族の言語を使用する諸民族が多い。地中海北岸から西にはラテン民族が広がり、ほぼアルプスとライン川の線から北をゲルマン民族が占め、残りのヨーロッパ東部をスラブ民族が占める。この三大勢力のほかにインド・ヨーロッパ語族に属さないフィンランド人、サーミ人、ハンガリー人などウラル系民族およびバスク人が土着民族として生活している。今日では、世界各地からの移民や難民も多く、ヨーロッパの文化や言語に影響をおよぼしている。

バターいれ（フィンランド東部・ビヒティ）：材質はネズ（杜松）。一九世紀末のもの。桶づくり技術はフィンランドでは四世紀初期からみられる

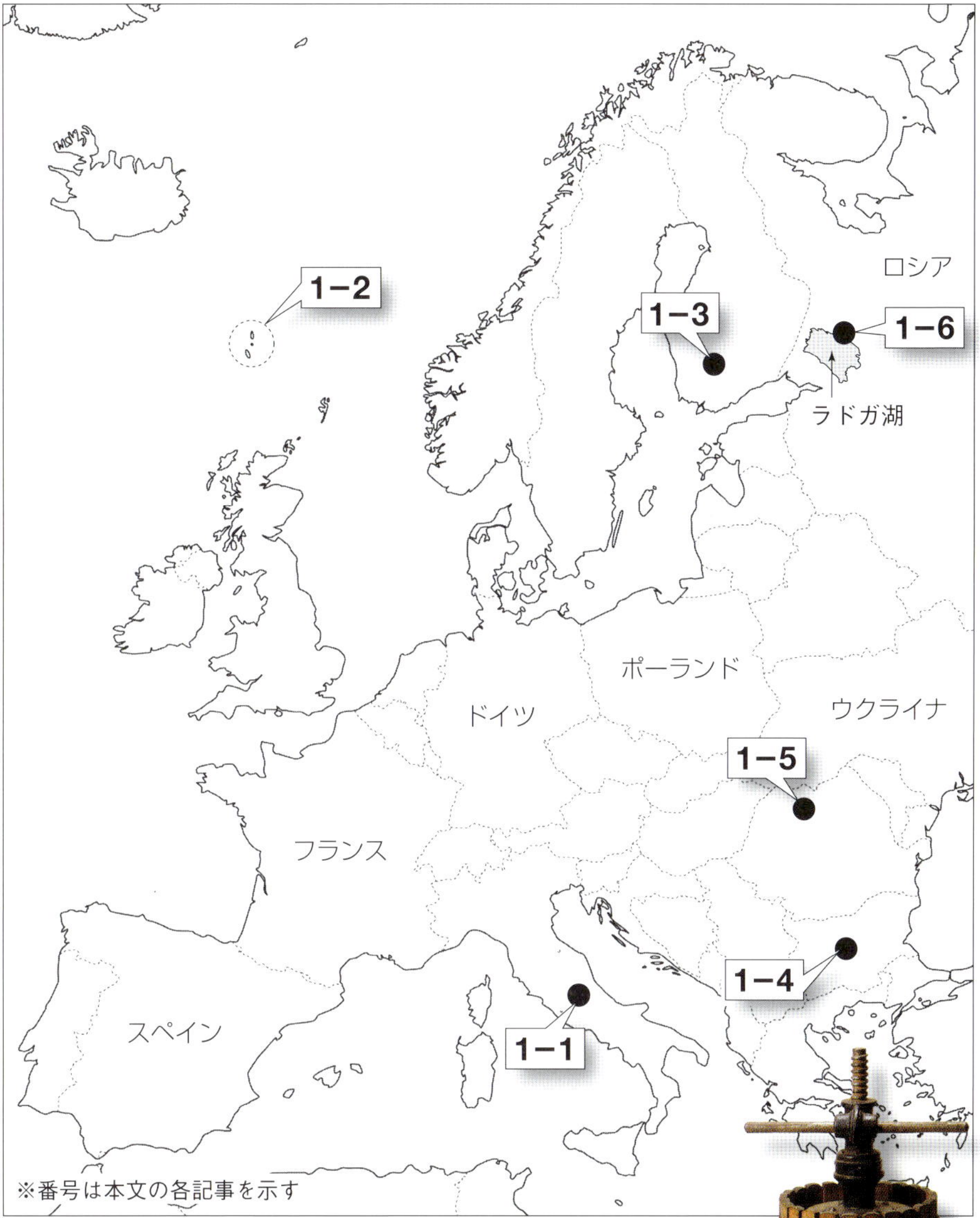

1−1：イタリア
1−2：フェロー諸島
1−3：フィンランド
1−4：ブルガリア
1−5：ルーマニア・マラムレシュ地方
1−6：ロシア・カレリア共和国

ブドウしぼり器（フランス中部・ベリー地方）：発酵させる前のブドウを搾りとる器具。一般には大量にブドウ液をとる大型の搾り器が用いられる

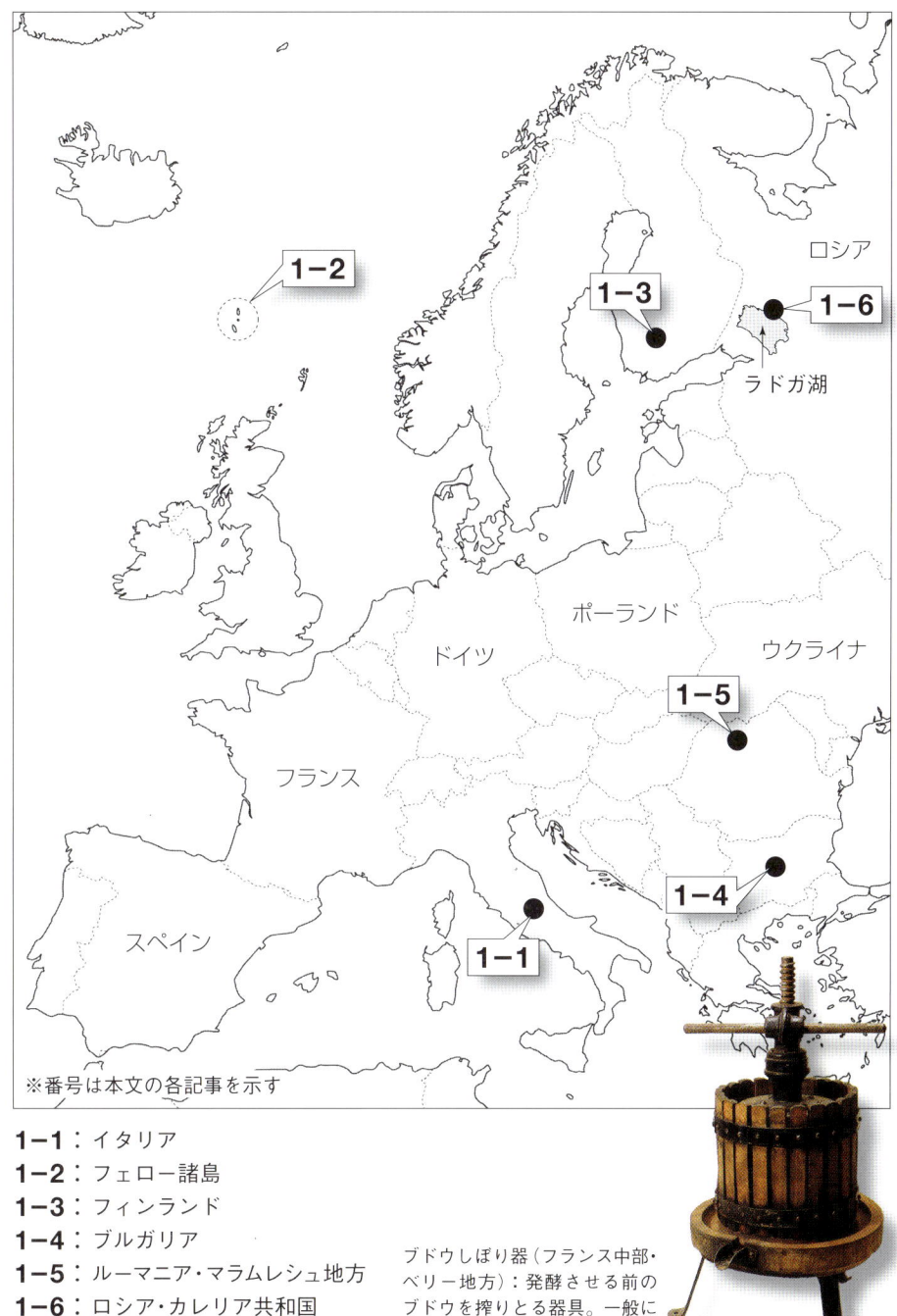

羊たちのいるイタリアの風景

宇田川《うだがわ》 妙子《たえこ》

概説地図（p. 2）

1–1

村の共有地で放牧されるヒツジ
（サルデーニャ）【撮影：井本恭子】

イタリアでよく見かける動物のひとつは、ヒツジだろう。キリスト教では、神やメシアに導かれる信徒が、羊飼いに引き連れられるヒツジにたとえられており、教会などに入るとヒツジの絵があちこち目につく。しかし、実物のヒツジもけっして珍しくはない。ヒツジは、夏のあいだは涼しく牧草の豊かな高地で飼育され、冬になると暖かな低地の牧草地へ移動するという、季節的な移牧が各地でおこなわれているからだ。ヒツジのいる風景は、イタリア人にとっては、どこに住んでいてもなじみのものである。

『地中海世界』の家畜

そもそもヒツジの季節的移牧は、ブローデルの『地中海世界』という大著でも一節が割かれているように、イタリアのみならず地中海地域の特徴のひとつである。この地域では、夏の乾燥に耐えるオリーブとブドウ、冬の降雨を利用して栽培される小麦という「三大作物」に、ヒツジの移牧を組み合わせた混合農業が発達してきた。山地と低地の間を垂直移動する移牧は、この地中海気候に適した牧畜だった。

つまりヒツジは、イタリアの自然環境や生業と密接にかかわってきた家畜なのであり、人びとは長いあいだ、その毛を織物とし、肉を食べ、乳はチーズに加工して利用してきたのである。なかでも羊毛は、中世になると毛織物業が発達し、アルテ・デラ・ラナとよばれる同業組合が作られルネサンス繁栄期をもたらすなど、イタリアの歴史にも大きく関与した。現在、世界的にも有名なイタリアの繊維産業の土台はここにある。

ヒツジ
【学名：*Ovis aries*】

脊椎動物門哺乳綱ウシ目ウシ科ヤギ亜科ヒツジ属の動物。代表的な品種であるメリノ種のように羊毛のために飼育されることが多いが、肉や乳用もある。山岳地帯や砂漠など、さまざまな環境に適応した固有種も多く、角の付き方や色にも多様性が大きい。ヒツジの家畜化には、群れて先導者に従いやすく、危険を察知すると逃げるという性格が利用されている。多くの場合は羊飼いが牧羊犬を用いながら群れを動かすという方法がとられている。

食卓を彩る羊乳チーズ

とはいえ、当時すでに羊毛はイギリスなどからの輸入に頼るようになっており、今でもイタリアで飼育されるヒツジの大半は、肉用・乳用である。実際、一般の人びとにとってヒツジといえば、まずは食卓と結びついている。

たとえば、ペコリーノ（ヒツジはイタリア語でペーコラ）とよばれるヒツジの乳のチーズは、独特の塩辛さと濃厚さがとくに田舎風の家庭料理に合うとされている。たしかにイタリアでもチーズは牛乳製が多い。しかしどの家でも、ペ

ローマ周辺の家庭料理であるニョッキ（ジャガイモ入りパスタ）には、ペコリーノ・チーズがかけられるのが定番

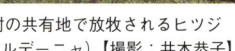

町の祭りで、特産のリコッタを振る舞う羊飼いたち。大きな鍋で加熱されているのがリコッタだ（右）（ローマ近郊）

コリーノはパスタに振りかけるチーズのひとつとして、パルミッジャーノなどの牛乳製チーズとともに常備され、使い分けられている。

　また、日本ではなじみがないかもしれないが、ペコリーノをつくる工程でできる乳清（乳からチーズを作った残りの液体）分を再加熱して固めたリコッタ（再度加熱するという意味）というフレッシュ・チーズもある。脂肪ぶんが少ないので味はマイルドで、そのまま食べてもよいし、パスタやケーキに混ぜあわせても使われるが、このチーズは、熟成させるペコリーノとは違って新鮮さが命である。

　そのためリコッタが好きな人は、知り合いの羊飼いに直接予約をしたり、毎朝できあがりを待ち構えて店に買いに行ったりする。私が調査をしていたローマ近郊の町でも、店の人から、「今日は乳があまり出なかったらしくて、リコッタの仕入れはないよ」と告げられてがっかりする姿をよく見かけた。

　一方、肉として食されるのは、ほとんどが一歳以下の子羊（オス）である。とりわけ生後数か月で離乳前の子羊の肉はアバッキョとよばれ、その柔らかさゆえ好まれる。ただし、ほかの肉に比べると、羊肉は、今でも復活祭や結婚式などの祝祭用とみなされる傾向が強い。

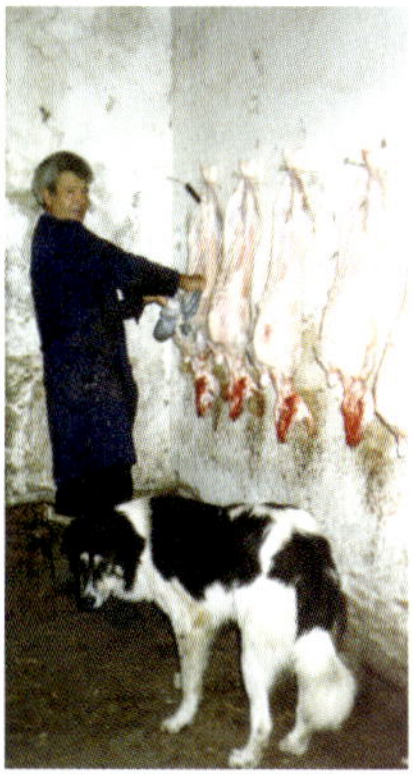

羊飼いによる子羊の解体。近くにいる犬は牧羊犬

　とくに復活祭は、もともと子羊をほふるユダヤ教の「過ぎ越しの祭」との関連が深いせいか、イタリアでも子羊料理が定番となっており、地域ごとに独自の調理法がある。復活祭の前、肉屋に子羊の肉が丸ごと吊るされはじめると春の訪れを感ずるというひとも少なくない。

ヒツジたちに忍び寄る危機

　現在、イタリアのヒツジは農業全般の衰退・不振とともに頭数が減少している。羊飼いたちも高齢化し、ヒツジの牧畜自体が危機にあるといわれている。このため最近では、農業や田舎生活を体験するエコツーリズムやアグリツーリズムのブームに便乗して、羊飼いと一緒の山歩き体験やチーズ作り体験などを企画したり、伝統的なチーズづくりを復活・改良して特産品として売り出したりする工夫もなされているが、その効果は心もとない。

　牧畜業の衰退・消滅は、牧草地の放置による生態系・環境全体への悪影響にもつながるという心配もある。

　今はまだ、意外と大都市の近くでも目にするヒツジたちの群れ。その光景の消滅は、イタリアの生活、文化、自然全体が大きく変わる予兆なのかもしれない。

捕鯨者たちの大宴会

岩崎《いわさき》・グッドマン・まさみ

概説地図（p. 2）

1−2

コペンハーゲンから飛行機でわずか二時間半で、フェロー島ヴォーアル空港に降り立った。フェロー諸島自治政府の首都トースハウン市で開催される「世界捕鯨者会議」に出席するためだ。カナダや日本を始め、九か国からやってきた捕鯨者やその関係者たち総勢五〇人ほどの一行は空港からバスに乗り、目的地へ向かった。行き着いた先はアイスランドともノルウェーとも異なる雰囲気の、清潔に整った町並みであり、あたり一帯に広がる樹木のないなだらかな丘はこれまで見たことのない不思議な景色であった。

フェロー島の漁港からの眺め

ゴンドウクジラの追い込み漁

フェロー諸島は、地図の上ではノルウェーとアイスランドの中間地点にある。アイスランドの友人たちは、「フェロー島民の先祖は、ノルウェーを船で出発したバイキングたちのうち、途中で船酔いをして船を降りて住み着いた者たちだ」という冗談話を披露して、私たちを笑わせてくれた。

世界各地から集まった捕鯨者たちが、それぞれの地域に根付いた捕鯨文化の一端を報告しあう会議の合間に、フェロー島民たちは自分たちの捕鯨文化について熱く語ってくれた。

一八の小さな島からなるフェロー諸島は、その地理的条件から漁業資源を基盤とした生業を発展させてきた。そのなかでもゴンドウクジラの追い込み漁は古い歴史があり、捕獲量やその産物の分配などに関する捕鯨の詳細なデータは、フェロー政府の管理のもと、一五〇〇年代から現在にいたるまで厳密に記録され、保存されている。

ゴンドウクジラの追い込み漁を再現してくれた
フェロー漁師と子どもたち

ゴンドウクジラ
【学名：*Globicephala*】

ゴンドウクジラ属にはヒレナガゴンドウとコビレゴンドウがいる。北西大西洋に見られるのはヒレナガゴンドウで、南北両半球において、気温が穏やかで極に近い水域に広く分布している。ヒレナガゴンドウは数頭から 1,000 頭以上までの群れをなして回遊する。雄は体重が 1.7 t 程度で体長は 5.5 m ほどであり、雌は体重が 0.9 t 程度で体長は 4.3 m 程度である。

鯨肉がつくる家庭の味

　現在、ゴンドウクジラ漁がおこなわれる場所（湾）は二三か所ある。捕獲から分配にいたるまで政府が管理し、まさに老若男女を問わず島民たちが一体となって漁をおこなう。沖にクジラの群れが確認されると、サイレンが町中に響き渡り、人びとはそれぞれの役割を果たすべく漁の準備をはじめる。男たちは船に乗り海へ繰り出し、クジラの群れを湾へと追い込む。残る人たちは、湾に追い込まれてくるゴンドウクジラを解体する準備に取りかかる。

　解体されたクジラは、それぞれの部位に分けられ、分配を担当する役人の采配で、それぞれの家庭へ配給される。新鮮な肉は、茹でるか、脂肪とジャガイモを添えたステーキとして食卓に上る。肉と脂肪は冷凍庫に保存するほか、伝統的な塩漬けにして屋外で乾したりする。フェロー島民にとって、これらの料理こそ昔から食べてきた家庭の味である。

さまざまなクジラ料理

クジラとブルーベリーの料理

世界各地のクジラ食文化を体感

　ゴンドウクジラ漁がすでに終わってしまった秋にやってきた友人たちに、フェロー島民たちは捕鯨を再現し、クジラの解体を見せてくれた。大人たちが解体作業を進めるそばで、大人と同じ服装で現れた子どもたちが小さなナイフを手に、装飾品として用いられるクジラの歯を取り出す作業をする姿は印象的であった。

クジラの解体を再現してくれるフェロー島民

　世界捕鯨者会議の締めくくりは盛大なクジラ料理の饗宴だった。「クジラ汁」「クジラの竜田揚げ」「クジラ刺身」などの定番の日本のクジラ料理に加え、グリーンランド、セントルシア、フェロー諸島、アイスランドのクジラ料理がところ狭しと並べられた。地元の人たちを含めて一〇〇人を超す参加者たちは、世界各地に根ざしたクジラ食文化を体感した。

　大宴会の最後にはフェロー島に古くから伝わるチェーンダンスが披露され、そのダンスの列に参加者全員が連なり、長いチェーンダンスは延々と続いた。その熱気は世界的な反捕鯨のうねりに逆らい、細々としかし赤々と燃え続ける捕鯨の炎のように見えた。

クジラの歯をとるのは子どもの仕事

北欧の森と人びとをつなぐビルベリー

庄司《しょうじ》 博史《ひろし》

概説地図（p. 2）

1−3

　七月から九月にかけ、フィンランドの人びとにとって、森は最も身近な場所となる。外界からはなれ、サマーハウスでの隠遁《いんとん》生活に興じる人もいれば、週末、あるいはウイークデーでも仕事のあと、森をおとずれる人もいる。理由のひとつはベリーやキノコの採集である。なかでもビルベリーはコケモモとならび、フィンランドではもっとも多く採集され、消費もされる人気のあるベリーである。日本ではしばしばよく似た北米原産のブルーベリーと混同されるが、近年ではビルベリーという呼称も定着しつつある。

　ヘルシンキの人にとって、ベリーの採集可能な森林は一時間も車を走らせば十分手の届く距離にある。とはいえ、お好みのベリー採集の森は他人には明かさないのが普通だ。道端に車を置くや人びとはいそいそ籠やバケツを手に森にはいる。ビルベリーは木陰の植物で、モミに似た針葉樹トウヒの生える湿った森を好む。乾いた日なたを好むコケモモと違う点である。慣れた人なら、自生していそうな場所は一目でわかる。高くても三〇センチメートルほどの灌木にみのるビルベリーは、大きくても一粒約一センチメートル、アメリカ産ブルーベリーよりやや小ぶりだ。熟した実は柔らかく、そろえた指と手のひらで包むように小枝からむしりとると、手はまたたく間に濃紺のジュースにそまる。ベリーだけ梳きとる櫛つきの採集器もあって、豊

バケツ一杯のビルベリー

ビルベリーの生育するトウヒ林

ビルベリーの灌木

ビルベリー
【学名：*Vaccinium myrtillus*】

ツツジ科スノキ属の小灌木。ヨーロッパブルーベリーと呼ばれることもあるが、北米原産で同じスノキ属のブルーベリー *Vaccinium corymbosum* は別種。高さは 10〜30 cm。茎は緑で、切り口断面は丸くなく多角的。葉は小さく流線型で、冬に落葉する。ピンクでベル状の花が 5〜7 月に開花し、薄い皮膜でおおわれた青紫、濃紺の丸い実が 7 月末から 9 月初めにかけて熟す。ユーラシア大陸北部に広く生育し、針葉樹林の日蔭を好む。実はビタミン C, E に富んでいるほか、アントシアニン系の色素を多量に含むことで知られている。

作の年には、二、三人の家族で二時間もかければ、バケツ一杯分のベリーがとれる。

フィンランド人にとってのベリー

日本では、ベリー摘みなどというと、のどかな光景が思い浮かぶのが普通だ。しかし北欧ではかならずしもそうではない。たしかに気がむくままベリー摘みというケースもあるが、元来ベリー摘みは、キノコ集めと同様に、夏から秋口にかけての欠かせぬ年間作業の一つ、つまり重要な食糧獲得の手段でもあった。

ビルベリーの採集

国土の七八パーセントが森林というフィンランドをはじめ、北欧では一様に森林への依存度が高い。とくにベリー摘みは今日、都会の住民に対しても森とのつながりを保ち、実感する機会を提供している。そのような森とのつながりは、また、土地の所有にかかわらず、すべての人びとの「権利」として森の利用が保障されてきたことにもみられる。「万人の権利」とよばれる慣習法は今日、明文化された法律で、他人の森林といえども、木を傷つけず、生活領域に立ち入らないという条件で、立ち入り、ベリーやキノコを採集する権利はみとめられている。いいかえれば、それだけ人びとの食生活を支えていたということだろう。

ビルベリーの用途

熟したビルベリーは甘ずっぱく、そのまま食されたり、料理に用いられるほか、大半は、ジャムや濃縮ジュースに加工されたり、乾燥、あるいは冷凍して保存される。かつてベリー類は長い冬をしのぐ大切なビタミン供給源であったのだ。ビルベリーの用途として主なものは、かゆに加えたり、水、砂糖と煮たところに片栗粉を加えてとろりとしたフルーツスープにするほか、菓子類にも多用される。なかでもビルベリーパイはもっともポピュラーな菓子である。オーブンプレートに薄く広げたパイ生地の上に、砂糖でまぶしたビルベリーをたっぷり敷き詰め焼いた簡単なものだが、薄い酸味と甘さがあって結構いける。

ビルベリーパイ

ビルベリーは近年日本でも、目にいいアントシアニンを含むとかで盛んに宣伝され、人気がある。特に北欧の清涼感のあるイメージが手伝ってか、健康食品として大量に輸入されている。一人当たり年平均八キロものベリーを消費するフィンランド人が他国の人に比べ、特に目がよいという話は聞いたこともないが、日本の業者が買い付ける年間四〇〇トンはフィンランドの人には驚異にうつるらしい。とはいえ、今日、中国が買い付けるビルベリーの量はこの数年で日本をはるかに追い越し三一〇〇トンにもなり、フィンランドのビルベリー輸出量の七五パーセントをしめるという。主にエキスをカプセルに入れ視力回復薬として売られている。どうやら中国の人びとも日本でのビルベリーの宣伝にのせられたようである。

大麦かゆとビルベリースープ

フランス史に痕跡を残したバルカンの羊たち

マリア・ヨトヴァ

概説地図（p. 2）

1−4

バルカン半島東南部、現在のブルガリアを中心とした地域に、紀元前三〇〇〇年以前からトラキア人と称された古代民族が暮らしていた。馬と黄金を愛し、不死を信じて戦いに明け暮れたトラキア人の残した遺跡と遺物は、現在多くの研究者の注目を浴びている。

羊の放牧（ロドピ山脈地域）

「ミルクを食べる」トラキア人

近年の研究成果によると、古代ギリシャではトラキア人に対して「ミルクを食べる人」および「ワインを飲む人」という軽蔑的なレッテルで語られることが多く、それはトラキア民族の識別標識でもあった。また古代ギリシャの著述家の記述では、トラキア地方は「羊の母」であり、トラキア人は発酵乳に馬の血を混ぜて飲んでいたという。彼らの牧畜システムや乳加工体系は知りえないが、バルカン地域における家畜飼養や乳加工などの在来技術は古代トラキアに起源をもっているといわれている。

バルカンの暮らしを支えてきた羊

羊の移牧は、バルカンの各地において古来より盛んにおこなわれてきた。その特徴は、夏期に羊の群れを山地へ導き標高差をともなった季節移動はするものの、冬期には必ず居住拠点に帰ってくるということにある。低地では夏の乾燥に耐えるブドウやプラムなどのほか、冬の降雨を利用して小麦などの穀類も栽培している。羊はバルカン地域の自然環境と密接にかかわり、人びとの日常生活において重要な役割を果たしてきた家畜である。

羊を飼育する多くの家庭では、羊毛で衣服、毛布やじゅうたんなどの織物がつくられており、これは女性の重要な仕事のひとつである。中世においてオスマン帝国の一部であったブルガリアは、コンスタンチノープルの大規模な市場に近いため毛織物業が大いに繁盛していたが、近代国家の成立後、徐々に衰退していった。現在、手作りの毛織物は羊の移牧の盛んな地域において特産品として好まれるが、山地の過疎化や人口の高齢化とともにその生産技術は失われつつある。

今ではブルガリアで飼育される羊は、おもに肉用と乳用である。メスはミルクの生産のため群れの大半を占めており、オスは一歳以下の段階で大半が肉に利用されている。子羊の肉は非常に柔らかく好まれるため、春のご馳走として

カラカチャン・ヒツジ
【学名：*Ovis musimon f.aries*】

カラカチャンとよばれる羊はバルカン半島の在来種である。体が小さくて、山地と低地間の垂直移動に適応している。体高 60 cm、体重 25 ～ 35 kg に達する。長い毛が密集していることが特徴で、長い部分では 25 cm 以上にもなる。毛の色は年とともに変化し、最初は黒く、ついで茶色になり、最後はほとんど灰色になる。オスの角は渦巻き状で長い。バルカン半島の山地帯に分布するが、現在は絶滅の危機に瀕している。20 世紀初頭のブルガリアに 50 万匹いたこの羊は、1950 年代終わりには 15 万匹に減少し、現在は 1 万匹以下しかいない。

人気がある。また、子羊の丸焼きなどの料理は、特に復活祭や聖ゲオルギ祭などの食卓に必ず登場する料理である。

年中行事に欠かせない乳製品

羊は、冬のあいだはミルクを搾ることができない。乳搾りが再開されるのは、家畜の健康と豊饒《ほうじょう》を祝う聖ゲオルギ祭、五月六日である。この日から放牧が始まるため、家畜の健康と豊饒を願うさまざまな儀礼がおこなわれる。女性は早朝に木の葉っぱから朝露を集め、それを利用してミルクを発酵させる。一度おいしいヨーグルトができれば、後はその一部を種菌として新たなミルクに加えていくことで、その一年の家庭の味が守られる。聖ゲオルギ祭には、ヨーグルト以外に凝固剤を使用してつくられるスィレネとよばれるチーズや、バターをつくる工程でできる乳清を加熱して固めたイズヴァラというフレッシュ・チーズも食卓に並べられる。

子羊の丸焼き

スィレネは長期保存ができるため、一年を通して貴重な栄養源である。一方、脂肪分が少ないイズヴァラは、料理に利用してすぐに食べる以外、羊の革袋に入れて保存されるビット・スィレネというチーズに加工されることもある。また、羊の移牧が盛んなロドピ山脈地域では、非搾乳期間の乳製品供給手段として、羊の搾乳シーズンが終わる九月から一〇月にかけてヨーグルトの状態で長期保存するための加工処理をおこなっている。この乳製品はブラノ・ムリャコとよばれ、乳酸発酵が数か月間にわたり進むため、非常に酸味が強く濃厚である。

ルイ一一世を助けたバルカンの羊たち

ブルガリアでは、チーズやヨーグルトは食生活に欠かせない食べ物であるだけでなく、古代トラキア人にかかわる重要な文化遺産の一部ともみなされている。二〇〇六年に設立されたヨーグルト博物館では、「ルイ一一世の機密文書より」というパネルのなかで興味深い歴史が紹介されている。それによると、胃腸病にかかったルイ一一世を助けるために、コンスタンチノープルの医師が羊の群れをパリまで連れていき、そのミルクを発酵させてフランス王に食べさせつづけた結果、病気が完治したという。事実かどうかわからないが、バルカンの羊たちはルイ一一世の命の恩人なのかもしれない。

ヨーグルトづくり
（ブルガリア北東部）

聖ゲオルギの儀式の食卓

マラムレシュの冬は豚の解体で華やぐ

新免《しんめん》 光比呂《みつひろ》

概説地図（p. 2）

1–5

ルーマニア北西部マラムレシュ地方の夏は短い。八月一五日の生神女就寝祭が過ぎれば、あれほど眩しかった日差しも勢いを失し、空を流れる雲も速度を上げて旅路を急いでいるかのようにみえる。やや濃さを増した雲とともに地表を涼しげな風が駆け抜け、季節はとうに秋になったことを知る。夏の労働はようやくピークを超えて、後は豊かとはいえないまでもなにほどかの収穫を待つばかりである。マラムレシュの土地は貧しく、出稼ぎなどに出かける人も多い。

収穫を終えて一〇月ともなれば、毎年ではないが雪の便りもとどく。伝統的な生活では、機織や糸紡ぎなど女たちが活躍する屋内での仕事が増える。しかし、昨今では雪に閉ざされたなかでおこなわれるのは、昔ながらの訪問と暖炉の前でのおしゃべりくらいである。退屈という言葉があるかどうかは知らない。だが、噂話のたねは尽きないようである。

一二月にもなると、村はそこかしこで活気づく。イエスの誕生を祝う降誕祭の準備とお祝いの食事となる豚の解体が始まるのだ。豚は四月に定期市で買い求めた子豚を育てたものである。小さな豚は半年あまりでかなり大きくなる。早朝から豚の悲鳴が村のかしこで聞こえる。豚は存外賢い動物である。羊などは、隣の羊が屠殺されていてもどこ吹く風で草を食むが、豚は違う。みずからの死を予感したかのように早朝から落ち着きなく動き回る。

豚を解体する

屠殺には、まずなにをするのだったろうか。足を縛ったのかもしれない。豚の首をかき切ったのかもしれない。屠殺の瞬間は、なぜか私の記憶から抜け落ちている。息絶えた豚は庭へと引き出される。豚の上に藁を山盛りにして火をつけ、豚の毛を焼く。あるいは手製の火炎放射器で豚の毛を焼いていく。黒焦げになった皮はきれいに削られていく。火が通った尻尾と耳は、見物している子どもたちと猫への褒美だ。そしてうずくまったように台の上に置かれた豚を切り裂いてゆく。さあ解体がはじまるのだ。根気よく、ていねいに皮をはぎ、肉を切り取り、内

ミサを終えて村はずれの教会から帰る村人

ブタ

【学名：*Sus scrofa domesticus*】

イノシシの家畜化は8000年以上も前からユーラシア大陸の東西で行われたと考えられる。ヨーロッパでブタの飼育は、日照時間が短いために寒冷で土壌のやせた北部の森林地帯に住むゲルマン人やケルト人によって積極的におこなわれた。この地域では穀物の生産性が低いため、秋になるとナラ（オーク）の森にブタを放してドングリを食べさせて太らせ、それを屠殺して食塩と硝石で処理して保存食にしたのである。現在では、ハムやベーコン、ソーセージで有名なドイツやスペイン、イタリアなどのみならず、バルカン半島においても重要な農業生産物となっている。ちなみにセルビア公国を建国したミロシュ・オブレノヴィッチは大規模な豚商人であった。

臓を取り出していく。内臓はきれいに洗ってから挽肉をつめてソーセージにする。暖炉の煙が通りぬける屋根裏はそのまま燻製場だ。ここでつくられた保存食は一年を通してたんぱく質の供給源となる。そして大量の肉は降誕祭の御馳走だ。マラムレシュの普通の家庭では、通常、とうもろこしの粉をお湯でといて味をつけたママリガかじゃがいもが主食である。肉はめったにない御馳走なのだ。

解体の前に毛を焼く

地域の習慣と文化

バルカン一帯では、マラムレシュと同じように豚を冬になると解体するらしい。これはバルカンの地域的習慣なのだろうか、それとも正教徒地域の習慣なのだろうか。もちろん、バルカンでもムスリム地域では豚は食べない。ムスリムが正教徒と酒をともに飲み、訪問しあう地域でも豚を共食することはないのだ。これは数あるイスラームの禁止事項のなかでも大切な規則だからである。

おもしろいのは、かなり大きな町でもはばかることなく豚の解体を行うことだ。クルージュというトランシルヴァニアの中心ともいえる大きな都市がある。そこの集合住宅の空き地で豚を解体しているのを見たときには驚いた。もっとも、トルコでは犠牲祭で羊を二階のベランダで解体しているのを見たこともある。ヨーロッパ連合は、トルコがヨーロッパに加わるための条件として屠殺に制限を加えようと文句をつける。あれだけ動物の肉をむさぼっていてよくいうものだとあきれるが、動物にも「畜権」があるというのだろうか。家畜は無残にも食されるために人びととともに生きるのだが、その共存のあり方は地域の文化と歴史を映し出し、異邦人には大変に興味深い。

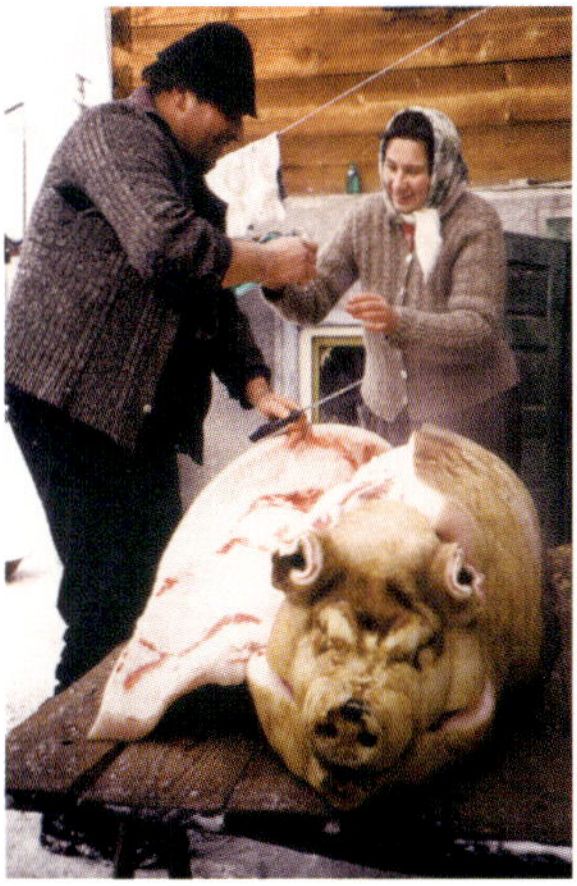

▶豚の解体が始まる

ソーセージづくり

長い冬ごもりにそなえて

藤原《ふじわら》 潤子《じゅんこ》

概説地図（p. 2）

1–6

蓄えの季節

ロシアの冬は長く厳しい。わたしが滞在していたロシア北西部の村では、零下三〇度を下回る日も少なくない。冬になれば当然、野菜の価格は倍以上に高騰する。そのため、村人たちは春から秋にかけて、せっせと食料生産と備蓄にいそしむ。村人の春のあいさつは「ジャガイモの植えつけは終わった？」であり、秋のあいさつは「ジャガイモは収穫した？」である。ロシアの生活ではジャガイモはパンと並んで毎日の食卓に欠かせない。村ではほとんどの家庭でも自分たちで食べる分は自分で栽培し、地下貯蔵庫に一年分蓄えておく。ジャガイモさえあれば、仮にパンを買うお金がなかったとしても、とりあえず飢える心配はないのだ。

村の家々の周囲には菜園があり、ジャガイモのほかにも自分の家で食べるトマト、キュウリその他、さまざまな作物が栽培されている。夏のあいだは新鮮な生野菜を楽しみつつも、冬のための保存食作りにも余念がない。よい主婦は山ほどビン詰めをつくり、貯蔵庫にずらりと並べる。一方、男は自家用モーターボートで漁に行く。ヨーロッパ最大の湖ラドガ湖に面するこの村では、スズキやカマスなどが獲れる。これらはカルパッチョのようにしたり、揚げたり煮たりして食べられ、余剰はやはり蓄えられる。保存のために、冷蔵庫とは別に保存専用のフリーザーをもっている家庭も少なくない。湖に氷の張る秋の終わりには、フリーザーは満杯になるのである。

さらにレジャーを兼ねて一家総出でおこなわれるのが、森でのベリー摘みとキノコ狩りだ。ブルーベリー、コケモモ、ツルコケモモなどはジャムやジュースになる。キノコも干したりマリネにしたりして保存される。春から秋までのあらゆる活動は、冬にお腹一杯で心安らかに暮らすためにある――そういってもよいほど、かれらは季節ごとの自然の恵みを熱心に蓄え続けるのである。

満月の日に一〇〇キロのキャベツを漬ける

ロシアの冬の食卓に欠かせないのが、キャベツの塩漬けである。ホストファミリーと一緒に漬けた経験をのべよう。まず秋に隣村の農場から一〇〇キログラムのキャベツが購入された。その後に熱心に検討されたのが、塩漬け作業の日取りである。失敗すると春までもたずに腐ってしまい、大量のキャベツが無駄になる。シャ

キャベツ

【学名：*Brassica oleracea*】

アブラナ科アブラナ属の多年草。野菜として広く利用される。栄養価が高く、ビタミンC、ビタミンUを豊富に含む。古代ギリシャ・ローマでは胃腸の調子を整える薬草として用いられていた。ロシアでは塩漬けにする以外に、ボルシチなどのスープやピロシキの具としても用いられる。写真は家庭菜園で栽培されているキャベツ。横に突き刺してある棒とその上に幾重にも重ねられた卵の殻は、虫がつかず、葉がぎっしりとつまったキャベツにするためのまじない。

キシャキとした歯ごたえのよい塩漬けをつくるためには、いつ漬けるべきか。議論の末、何をつくるにしろ、もっともうまくいく日は満月の日であるという理由により、一〇月なかばの満月の日が選ばれた。

さて、塩漬けの作り方は以下のとおりである。キャベツを巨大なスライサーで千切りにし、薄切りにしたニンジンとまぜ、手で塩をもみこむ。キャベツ一〇キログラムにつき、ニンジン五〇〇グラム、塩二五〇グラムの割合である。この工程を繰り返し、順に樽に入れていく。一〇〇キロすべてを樽に詰め終えるまでに、六時間が経過していた。この樽を暖かい部屋のなかに置いておくと、醗酵が始まり、泡のようにガスが出てくる。翌日から毎日数回、長い棒で突付いてガスを放出させる。一週間後、キャベツから大量の水が出たころを見計らって、樽から取り出し、ビンにギュウギュウ詰めにする。その後、地下貯蔵庫に並べて、一二月ごろまでさらに熟成するのを待った。

こうしてできあがったキャベツの味はすばらしかった。塩気が程よく効いていて、かすかな酸味がある。ひまわり油を少しかけてサラダとして食べるのだが、どんなおかずにもよく合う。冬のあいだ、わたしたちは貯蔵庫のビン詰めをひとつずつ取り出しては開け、取り出しては開けて食べ続けた。薪暖房の効いた暖かい家のなかで、新年のパーティーのときにも、復活祭のお祝いのときにも食べた。そして春が来るころには、ホストファミリーと私の計四人で一〇〇キロのキャベツをすっかり食べ尽くしたのである。

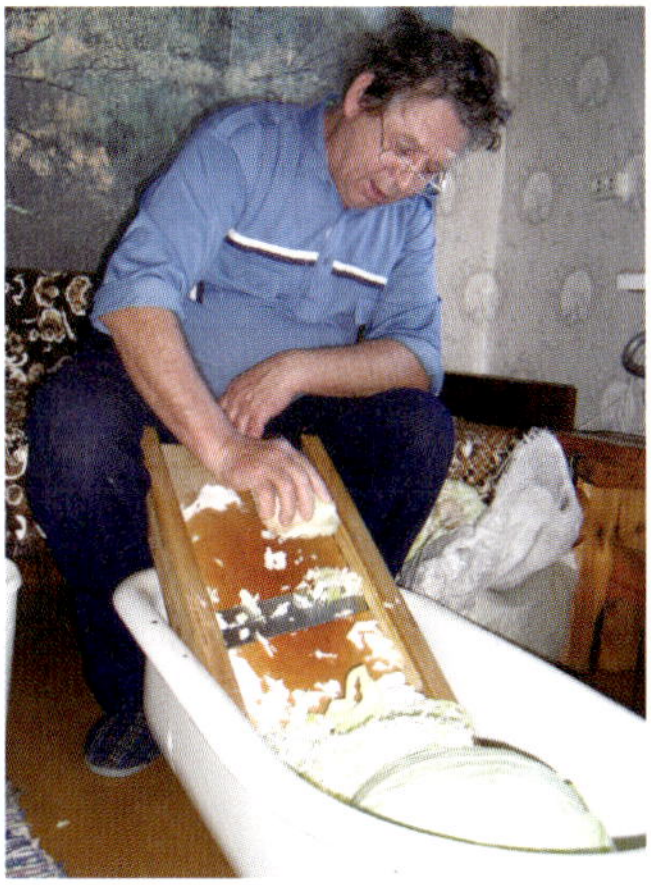

キャベツを千切りにする。この直後、おじさんは指を切ったが、「今年は肉入りだからウマイぞ！」と笑い飛ばしていた

醗酵してガスが泡のように沸きあがる

▶ビン詰め作業。樽のなかには二酸化炭素が充満しているので、あまり首を突っ込んでいると苦しくなる

お客を招いて新年を祝う

2 アフリカ《概説》

世界の陸地の約二〇パーセントを占めるアフリカ大陸は、人類誕生の地であり、先史時代からの長い歩みが岩壁画・遺跡・記録・伝承のなかに示されている。赤道低地の熱帯雨林、降雨量が少ない南北両側のサバンナやステップ、その外側の砂漠、といった多様な自然を背景に、一〇〇〇以上の民族が居住してきた。サハラ以北がアラブ文化にいろどられるのに対し、サハラ以南では無文字文化と結びついた独自の文化がはぐくまれ、仮面や彫像などの民族芸術は、西欧現代芸術に大きな影響を与えた。また、オリエント文明に影響を受けたエチオピア高地や、インド洋に面し古くからアラブ世界との交流がある東アフリカでは、サバンナや森林地帯に生まれた諸王国とは異なる文化が発達した。

しかし、一六世紀以降、森林王国の多くはヨーロッパ人による奴隷貿易で疲弊し、さらに一九世紀末からは全土がヨーロッパ列強により分割されて文化は破壊されてきた。第二次世界大戦後には、植民地支配からの独立があいつぎ、新しく生まれた多民族国家はそれぞれに、国民文化を模索し、経済的発展や生活向上を図ろうとしている。

アフリカ人口の七〇パーセント以上は農耕民で、熱帯森林地帯では、ヤムイモ、タロイモ、マニオクなど根菜類やバナナを主食作物、アブラヤシ、コーヒー、カカオを商品作物とし、サバンナ地帯では、モロコシ、トウジンビエ、シコクビエ、トウモロコシなどを主食作物、落花生、綿などを商品作物とする。サバンナやステップ地帯には、ウシ、ヒツジ、ラクダなどを主とする牧畜民も住むが、農耕定住化政策などにより生活は大きく変化している。なお、採集狩猟民は今日では少なくなっている。

分銅の細工（西アフリカ・ギニア海岸地方）：ギニア海岸地方では古くから砂金の産地として知られていた。この砂金の貿易をめぐって、独特の意味をもつ分銅細工が発達した

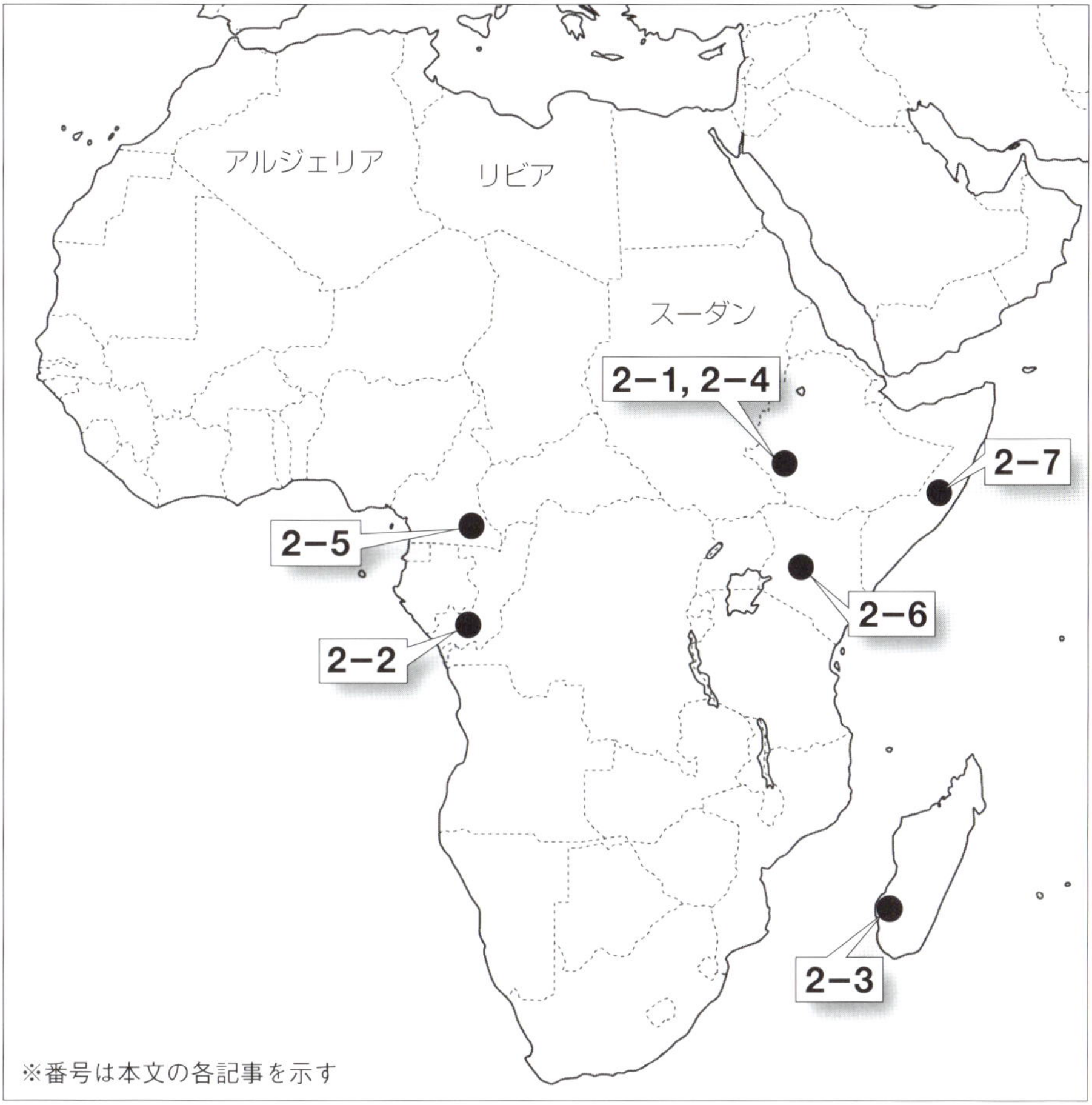

2−1：
2−4：エチオピア・南西部
2−2：コンゴ共和国
2−3：マダガスカル・南西部
2−5：カメルーン・南東部
2−6：ケニア・中央高原
2−7：ソマリア

壁かざり（西アフリカ・ベナン中部）：布地にアップリケをほどこしたもので装飾品であるが、そこにあらわされた模様はなんらかの意味を伝達する。このアップリケではダホメ王国の歴代の王の故事を物語っている。王はそれぞれ自分を象徴する動物をもっており、それが描かれている

エチオピアの主穀であるわけ

藤本《ふじもと》　武《たけし》

概説地図（p. 16）

2–1

不思議な雑穀テフ

アフリカ北東部のエチオピアを一一月ごろ訪れる者は、光り輝く一面の畑に目をうばわれるにちがいない。カゼクサの仲間のテフは粒の大きさが一ミリほどと小さく、ほとんどこの地でしか食用に栽培されない雑穀である。しかし、そこではもっとも広い面積で栽培される主穀となっている。このような雑穀が主穀である国・地域は世界的にみてもきわめてめずらしい。ではなぜエチオピアでは現在雑穀のテフが主穀なのだろうか。

去勢牛による犂《スキ》引き。3 回以上行ってから種をまく。3000 年以上前からエチオピアでは犂が用いられてきた

収穫風景。鎌で刈りとるところが多いが、マロでは手でひきぬく。テフの草丈の低さに注目

テ　フ
【学名：*Eragrostis tef*】

日本の道端などに自生するカゼクサの仲間で植物学的にはイネ科スズメガヤ属の植物である。紀元前 2000 年ごろには栽培されていたとみられる。7、8 月の雨季に種をまき、3、4 か月後に収穫される。種子は白と赤の二色があり、粉にひいて調理される。鉄分とカルシウムにとみ、エチオピアで貧血が少ないのはこの穀物のおかげといわれる。

わたしはこの一〇年来エチオピア南西部にくらすマロという人たちを対象にフィールドワークをおこなっている。マロの地はけわしい山岳地帯で、高度約一〇〇〇メートルから三〇〇〇メートルの幅広い高度域に人びとはくらし、うち二〇〇〇メートル以上の高地でコムギやオオムギなど温帯由来の穀物を多く栽培する一方、一〇〇〇メートルから二〇〇〇メートルの低地ではトウモロコシ、モロコシ、そしてテフをつくっている。またどちらの地域でもイモ類が主食作物として重要である。

このマロの地でテフは昔からしられ、栽培地帯では伝統的に、粉に挽いて厚手のパンを焼いたり、粥、蒸し料理、あるいはまたビールの原料にしてきた。しかし現在もっとも人気があるのは、エチオピアで「インジェラ」という名で広くしられる料理である。

インジェラはクレープのように円形にうすく焼いたやわらかいパンである。それを円卓に広げ、ワットというマメや肉のソースを中央にの

村でお祝いの日の会食。
インジェラは欠かせない料理

絵画に描かれた農村の女性の日常生活。中央の女性はテフを製粉しており、いちばん左の女性はインジェラを焼いている。2人のあいだの女性はインジェラにかけるソースを煮ている

せる。みなで卓をかこむようにすわり、各自インジェラを端からちぎってワットをつけながら食べる。インジェラは適度に発酵していて酸味があり、またスポンジ質の食感がたまらない。祝いの席ではつねに供され、また町で外食するといえば、この料理をおいてほかにない。マロでインジェラは日常食でなく、週に数度ちょっとぜいたくな気分を味わうものとして親しまれている。しかし意外にも、マロでインジェラがつくられるようになったのはたかだかここ数十年のことにすぎないという。

広がるインジェラとともに

じつはこの料理は、かつてアビシニア王国として栄えたエチオピア北部の有力民族アムハラなどのローカルな民族食にすぎなかった。それが一九世紀末、かれらが南部を併合したのを機に各地に広まっていった。べつに北部出身者に強要されたわけでなく、むしろ人びとの気に入られてインジェラは広まっていった。げんにマロでは約三〇年前、革命で北部出身者が一掃されたあとに本格的に浸透している。

テフの栽培もかつてはめだつものでなかったとされるが、いまでは栽培可能な地はその畑がどこまでも続く景観に一変している。テフがエチオピアで現在主穀たりえているのは、インジェラが各地に広まり、そこで高い人気を博していることが関係していることはまちがいないだろう。

エチオピアからの移民が多くくらすアメリカでは、エチオピアンレストランも数しれない。そこで不可欠なのがなんといってもインジェラである。そのため、かの地でもテフの商業栽培がはじまっているという。ながらくエチオピアからほとんど出ることのなかったテフは、インジェラとともに世界に進出していくのだろうか。

じつは、エチオピアンレストランはすでに東京と大阪にもある。興味をもたれた方はぜひおためしあれ。

村で食べるインジェラ。中央にかけてあるのはマメのソース（シュロ・ワット）

バナナの食べ方

小松《こまつ》 かおり

概説地図（p. 16）
2−2

バナナは生で食べるものか

国際食糧農業機関（ＦＡＯ）の統計で調べると、二〇一〇年の世界のバナナ（banana）の生産量は一億二一一万トンでオレンジやリンゴより多いのだが、このほかにじつは隠れたバナナがある。プランテン（plantain）である。各国の統計では、料理用のバナナの一部をプランテンとして数えることがあるのだ。ちなみに、二〇一〇年のプランテンの生産量は三六五六万トンである。

バナナを生でしか食べないのは、バナナを輸入している北の国だけで、生産する側の南の国では、ひとつの地域に一〇種類以上のバナナがあり、生食用、料理用、酒用と使いわけている。

アフリカ中央部、コンゴ共和国の熱帯雨林で調査をしていたとき、毎日の主食はバナナだった。料理用の品種は熟しても生では少しえぐみが残る。朝は熟しかけて甘くなった料理用バナナを茹でたり焼いたりした軽食が出てくる。昼や夜は、魚や野生動物の肉を煮込んだ辛いソースと、茹でて専用の叩き棒でつぶしたバナナダンゴだ。熟す前の料理用バナナは、茹でると歯ごたえがあり、少し酸味のあるサツマイモのような味だ。

バナナ料理とはそういうものだと思っていたら、同じアフリカでもタンザニアの高地で調査をしていた友人は、バナナはインゲンマメと一緒に柔らかく茹でて食べるのが主食だという。

コンゴのバナナダンゴとソース。ソースの材料はヤシ油、川魚、トウガラシと塩

バナナとインゲンマメを茹でたタンザニア高地の主食

アフリカ中央部で食べられているプランテンバナナの１種。この品種はストライプ模様

バナナ
【学名：*Musa spp.*】

バナナは、ムサ属に含まれる複数の植物から栽培化された。大多数の食用バナナは、ムサ・アクミナータとムサ・バルビシアーナという２種の２倍体か３倍体、もしくは２種間の交雑種である。アクミナータ系の２倍体（AA）のなかで突然変異によって種なしになったものがマレー半島周辺で栽培化され、これが広まって、バルビシアーナとの交雑種（AB、AAB、ABB など）がインドやフィリピンで生まれたと考えられている。AAB、ABB は繊維質が多く、料理用に用いられることが多い。現在、日本など輸入国で食べられるのは圧倒的にアクミナータ３倍体（AAA）の１品種であるキャベンディッシュである。

しかも、バナナを発酵させて酒もつくるという。

バナナから文化を追う

バナナはそもそも、東南アジアで栽培化されたと考えられている。アフリカのあちこちで栽培されるようになったのは、紀元ごろまでにアラブなどを経由してもち込まれてからである。起源地の東南アジアでは、むかしは主食として利用されていたはずなのだが、現在は、主食はほとんどコメである。しかし、世界の湿潤熱帯のほとんどでバナナは栽培されていて、種類もたくさんあるという。それなら、起源地からアフリカまでバナナ栽培文化を追ってみれば、バナナをとおして各地の文化が見えるのではないか？　と仲間と研究会を立ち上げ、各地のバナナを見て歩くことにした。

東南アジアでは街のあちこちに揚げバナナのスタンドがあって、軽食として食べられていた。バナナの花（雄花序）はスライスしてサラダの具になる。バナナの菓子がやけに発達しているところもあるし、種入りの料理用バナナを生のままスライスして、サラダの具にするところもあった。中国文化の影響を強く受けたベトナムでは、バナナの種を薬にしていた。東南アジアでは、野生のバナナ（もちろん種入り）も種入りの栽培バナナもあるのだ。ベトナムでは、雄しべもモヤシのように麺の具になっていた。インドに行くと、バナナの茎（植物学的には葉柄）の髄をジャガイモのようにカレーの具にしていた。

食べるだけではなく、葉も、葉柄も、仮茎も利用される。宗教宗派を問わず、供え物や儀礼に使われることも多い。バナナの不思議な形状と、たくさんの実が生《な》る性質が、さまざまな意味づけを生みだすのだろう。バナナの世界をもっと覗きたい人は「バナナの足」研究会のホームページをご覧いただきたい。

(http：//www.geocities.jp/banana_mi/)

タンザニア高地では、専用品種のバナナを発酵させて醸造酒をつくる

ベトナムでは薬草の他に、乾燥バナナやバナナの種も薬として売られている

東南アジアの街ならどこでも見かける揚げバナナの屋台

キャッサバを長持ちさせる

安髙《あたか》 雄治《ゆうじ》

概説地図（p. 16）
2–3

乾燥地での主食

キャッサバは熱帯圏で広く栽培されている、イモ類の作物である。痩せた土壌でも育つので、食糧不足の「救世主」としてあらたに栽培を始めるところも多い。わたしにとっても、雨の多い地域を中心にあちこちで食べてきたなじみの作物である。ところが、どういうわけかこれまで乾燥地ではお目にかかる機会が意外と少なかった。

わたしは一〇年近く前に初めてマダガスカルを訪れ、なかでも乾燥地として知られる南西部で調査を始めた。南西部は確かに雨の少ないところで、沿岸部では年平均降水量は三〇〇ミリメートル前後であり、短い雨季のあいだでもまとまった雨が降るのは月にほんの数回という土地である。

ここに暮らす人びとはおもに農耕と牧畜を組み合わせて生計を立てている。彼らのおもな食糧はキャッサバ、サツマイモ、トウモロコシ、マメ類などの農作物と、乳など家畜からの副産物である。食事の支度は女性の仕事で、ほとんどの調理は砂の上に座ってすませる。もっとも調理とはいっても、食材を石で砕くだけのことが多い。食べやすい大きさや状態にすると、後は水を加えて火にかけ、沸騰させれば大抵の料理はできあがる。

収穫から２か月後の土の中の様子。太いのは収穫時に残したイモ

じつをいうと、調査に入る前は、雨の少ない土地だから牧畜にもっと依存しているのではないかと想像していた。ところが、もちろん時期にもよるのだろうが、実際には予想以上に農耕によってえた食糧に依存していた。なかでも、彼らが一年をとおしてもっとも頻繁に食べていたのがキャッサバだった。そして何より意外だったのは、キャッサバがすべて乾燥されていたことである。

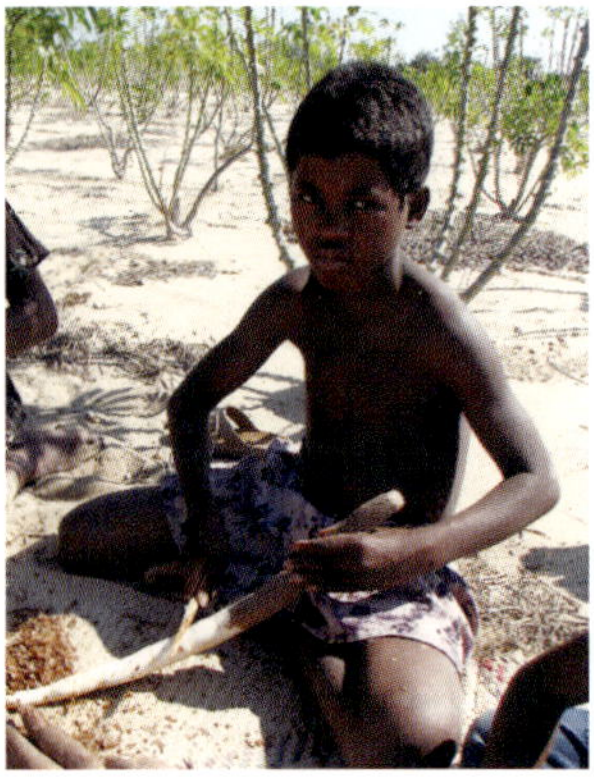

キャッサバは収穫するとすぐに薄い外皮を剥いで天日で乾燥させる

キャッサバ
【学名：*Manihot esculenta*】

トウダイグサ科。マニオク（manioc）、タピオカ（tapioca）などともよばれる。和名はイモノキ。土質を選ばず、乾燥にも強くて栽培しやすいが、連作すると地力が著しく低下する。傷みやすく輸送に耐えない。根や葉などには青酸配糖体が含まれ、その含有量によって苦味種（bitter cassava）と甘味種（sweet cassava）とに大別されるのが普通である。皮を剥いだりすることで青酸が発生するため、多量に含む前者は毒抜きが必要である。熱帯アメリカ原産であるが、現在は熱帯・亜熱帯地域で広く栽培されている。

生きるための「知恵」

イモ類は、穀類とは違って長期保存に向いていない作物であり、特にキャッサバは傷みやすい。だから、特別な理由でもない限り、収穫直後に食べるのが普通である。雨の多い地域で通年イモを食べているのは、一年をとおして栽培可能なので植える時期をずらしたり、食べる分だけ収穫したりしているからである。しかし、その栽培時期が限られるとなると、問題は長期保存に向いていないキャッサバをいかに保存するのか、ということになってくる。

乾燥イモは貯蔵後もたまに天日にあてる。それにしても、小さな家の中から出てくる、出てくる

長期保存の方法としてかれらがおこなっているのは、収穫したイモをひとまず「すべて乾燥させる」ことだった。どうりで、調理していたどのイモも乾燥していたわけである。ただし、イモを芯まで乾燥させるのはそんなに簡単なことではない。彼らの場合、収穫直後にイモの薄皮を取り除いて、その後、約二か月間かけて丹念に乾燥させるのである。

工夫はイモを乾燥することだけではなかった。彼らはキャッサバを収穫するとき、イモをひとつ（人によってはふたつ）残して、引き抜かずに栽培を続ける。この方があらたに植えつけるよりも次の年の収量が少し多くなるのだそうだ。こうやって二、三年栽培し、イモのできが悪くなると収穫時に引き抜いて、次の雨季が始まるころにあらたな茎を植えつけるのである。

村市場で売られている乾燥イモ

このように、収穫後の畑ではイモを乾燥する作業が進んでいる一方で、地下では収穫のときに残したイモの周りに根が伸び、新しいイモが少しずつでき始める。厳しい乾燥環境のなかで生きていく人びとの「知恵」である。

▲乾燥イモだけを煮ることも多いが、これは豆と一緒に煮たもの。味つけはしない

他の食材は石で砕くだけのことが多いが、キャッサバは包丁でていねいに細かくする

森に棲むナマズの力

松田《まつだ》　凡《ひろし》

概説地図（p. 16）

2−4

密接な結びつき

日本ではナマズというと、むかしはどこの河川や湖、池にも見られたありふれた魚だった。

近年では、そのユーモラスな姿がキャラクター・デザインになったり、また地震予知能力が科学的に検討されたりして、親しみを感じている人は多いようにみえる。

流域生物にとって命の源であるオモ川も、近年はダム建設や農園開発のため、環境破壊の危機にある

イチジクの巨木をくりぬいたカヌーで川を渡り、対岸にある沼地へ漁に行く人びと

その反面、食用魚としてはあまり一般的ではないようだ。わたしは京都生まれの京都育ちで、現在は滋賀県に住んでいるが、ナマズを家で食べた記憶はない。だが、淡水魚の宝庫といわれるアマゾン川流域はもちろん、わたしの知るアフリカではまったく事情は異なる。食用としてはもちろん、日常生活や信仰のレベルで、わたしたちの想像を超える密接な結びつきが人とナマズとのあいだにはある。

成長ごとの呼び名

わたしがエチオピア南西部を流れるオモ川沿いの、ムグジ人の村に暮らしていたころ、人びとの主食である穀物（モロコシ）が底をつく季節になると、毎日魚しか食べるものがないので閉口した。四〇種以上いるオモ川の魚のなかでもっともポピュラーなのは、コエグ語でクワダ

北アフリカヒレナマズ
【学名：*Clarias gariepinus Burchell*】

ナマズ目（Siluriformes）は、世界中に2,000種以上いるといわれる硬骨魚類の一大集団である。オモ川にも多くのナマズが生息するが、ヒレナマズ科（Clariidae）はヘテロブランクス属とクラリアス属が確認されており、後者のうちガリエピヌスはアフリカ大陸に広く分布する種で、最大1.5 mにもなる。クラリアス属はアフリカンクララの名で鑑賞魚として日本でもよく知られている。また、いわゆる和名のヒレナマズ（Clarias fuscus）は東南アジアから中国大陸にかけて分布し、石垣島でも繁殖しているほか、東京で食材として販売されている例もあるという。

と総称されるヒレナマズの一種である。肉が白身で淡泊なのはいいが味は頼りない。また、おき火で焼いて、手でむしって食べるのにも最初は抵抗があった。通常は釣り針と糸を使い、また乾季にはモリを使って、簡単にしかも大量に捕れることもあって、一か月あまりこればかり食べていた記憶がある。

クワダは日本風にいうとブリのような成長魚である。人間の手のひらくらいのもの（実際村人たちはこのように表現する）をカンカチャといい、腕のひじから先くらいの大きさのものをルルントゥという。それがもう少し大きくなって、ふくらはぎくらいの大きさのものになるとプルンドゥという。さらに大きなもの（体長一メートル近くになるものもいる）はウングナという。また、生殖期に沼にいて細長いタイプはとくにシャルグワルとよばれている。ほかの魚種にも体の大小によってよびわけるものはいくつかあるが、さすがに四段階となるとクワダのほかにはなく、その観察の細かさに驚く。

生命力を受け継ぐ

数年前に、エジプト考古学の研究者から連絡をいただいた。紀元前三〇〇〇年ころ、古代エジプトを最初に統一した王の名をナルメルといい、ナルとは古代エジプト語でナマズの意味なのだそうだ。また紀元前一五〇〇年ころの新王国の時代には、洞窟壁画に頭部がナマズ型をした神の姿が描かれているという。どうやらヒレナマズは人間の力を超えた、神聖な存在であったようだ。しかし、どうして古代エジプトの人びとはそう考えたのだろうか。

西アフリカのニジェール川流域では、ヒレナマズが神話や口頭伝承に登場したり、食物禁忌の対象になったりしているようである。ムグジ社会では、とくにクワダを崇めたりはしないが、その強い生命力と生殖力に言及されることはよくある。釣りあげて岸に放っておいても長いあいだ生きていて川に戻ろうと地を這う、乾季には沼地の泥のなかで空腹を堪え忍び、雨が降るのをじっと待っている、などといわれている。

たしかに、頭骨以外の身体は極限までやせ細り、大きなオタマジャクシのようになったクワダを見たことがある。アフリカの熱帯の日差しを避け、いつ来るかわからない雨を待って川辺林の泥沼で身を寄せ合うヒレナマズたち。モノを食べることは、栄養の摂取だけでなく、そのモノがもっている生きる力と意志を受け継ぐことなのだと、あらためて思う。

▲川面を群をなして泳ぐクワダをねらう姿が、夕日に映えて美しい

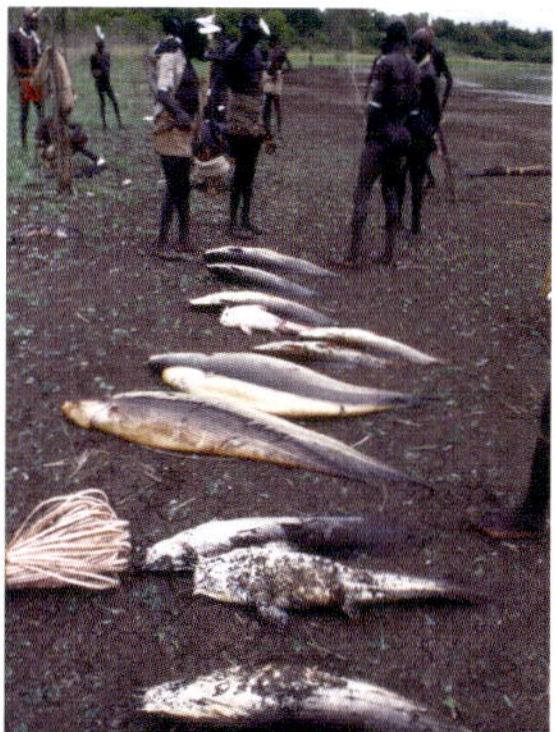

▶二十人で約二時間の漁の成果。手前三匹はヒレナマズ。奥はナギナタナマズの仲間

▶乾季の川面を真っ黒に覆うように群れるクワダを釣り上げる。その姿は乾季の風物詩ともいえる

森の中での朝食は、香ばしいヒレナマズ、の姿焼き

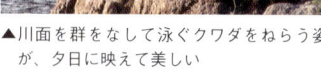

ゾウの肉に集まる人びと

林《はやし》　耕次《こうじ》

概説地図（p. 16）
2–5

緊張みなぎる狩猟

集落から一〇キロメートルほど離れた森の奥では、灌木や草が倒され、明らかに巨大な動物が通過したあとの獣道が続いていた。地面には、直径二〇センチメートルほどの丸い足跡がいくつもしるされている。周囲がかすかに獣くさいことに加え、足跡の様子や水たまりの濁った状態から、マルミミゾウがその先にいることがわかる。追跡をおこなっていた男たちの顔には緊張がみなぎり、二人の狩猟者は手にした銃に弾を込めはじめた。

わたしは、アフリカの熱帯雨林に位置するカメルーン南東部で、定住生活を送りながら季節に応じて狩猟採集をおこなうバカ・ピグミーの人びとと、乾季のキャンプ生活を共にしていた。

彼らは食用のためにゾウを狩る。

狩猟者は上着を脱いで、それぞれの銃筒部分に弾代わりの一メートル弱の槍を差し込むと追跡を再開した。やがて、バイとよばれる見晴らしのよい湿地に出ると、前方一〇〇メートルほど先に数頭のゾウの群れを確認した。私は皆に促されて、近くの樹上に待避する。狩猟者は、ゾウに気づかれないよう五～一〇メートルまで接近するために、風下から草木に身を潜めつつ、細心の注意を払いながら近づいていった。やがて、銃声とともにゾウの雄叫びが響いたが、このときの狩猟は失敗に終わった。発砲の勢いで槍を飛ばしたものの、分厚い皮膚に跳ね返されてあえなく逃げられてしまったのだ。

あますことなく分配

後日、私はゾウを仕留めたあとのキャンプに同行する機会を得た。ゾウ狩り成功の知らせを受けた人びとは、興奮気味で移動の準備を始めた。翌朝、ゾウを倒した現場に到着すると、すでに狩猟に携わっていた男たち数名が解体をおこなっていた。分厚い皮を剥ぎ、太い骨を砕くのには斧が使われ、肉の切り出しには槍から取り外した鋭利な刃先をナイフ代わりに扱っている。

切り出した肉は、灌木を組んだ専用の乾燥棚に運ばれて下から燻《いぶ》される。この肉を手製の臼

▶マルミミゾウ。秋吉台サファリランド（山口）にて。飼育下でのマルミミゾウは世界的にも珍しい。

マルミミゾウ
【学名：*Loxodonta cyclotis*】

別名シンリンゾウともよばれ、アフリカ中央部から西部の森林地帯に生息する。個体数は、1987年時点で推定37万5,000頭という報告がある。アフリカゾウのなかでもサハラ以南に生息するサバンナ性の個体群（学名：*Loxodonta africana*）に比べて小型で耳が丸く、象牙は湾曲せず直線的に下に伸びているのが特徴。体型の違うアフリカゾウの亜種とされていたが、遺伝子がかなり異なることから、近年、両者は別の種としてとらえるべきとの見解がある。

ゾウが倒された場所には人が集い、大量の肉が数日がかりで燻される

森のキャンプはおもに血縁者同士で構成される

と杵で丹念に搗《つ》き、ゾウの脂肪で炒めて塩とトウガラシで味をつけたものを「モサブ」というが、まさにゾウ肉ならではの調理法といえよう。生の肉から調理したものに比べて、こちらは肉の繊維がじゅうぶんにほぐされていて、柔らかい。また、燻《いぶ》されたことで香ばしくなり食べやすい。

燻すことで保存性を高めた肉の一部は集落以外の人びとにも分配される。バカの人びとにとってマルミミゾウの狩猟は、多量の肉が一度に手に入り、広範囲に肉の分配が可能という点でも重要視されているのである。ただし、バカのゾウ狩猟者は慣習にしたがい、みずからが仕留めたゾウの肉は食べない。

一九七〇年代末から八〇年代にかけては、アフリカゾウにとって受難の時代であった。熱帯雨林のマルミミゾウも、象牙を目的とした大規模な密猟によってその数は激減したといわれている。カメルーンを含むアフリカ各国では、ゾウ狩猟に対する規制が厳しくなり、密猟や象牙取引の取り締まりが強化された。密猟者のなかには高額な罰金の支払いと禁固刑を命ぜられるものもいるという。慣習的な要素をあわせもつゾウ狩猟は依然としておこなわれているが、当事者であるバカの人びとにとっては、従来の狩猟を継続することが非常に困難な状況になりつつある。

ゾウ肉料理。乾燥した肉は、杵と臼で十分に叩きほぐし、ゾウの脂肪を加えて炒める

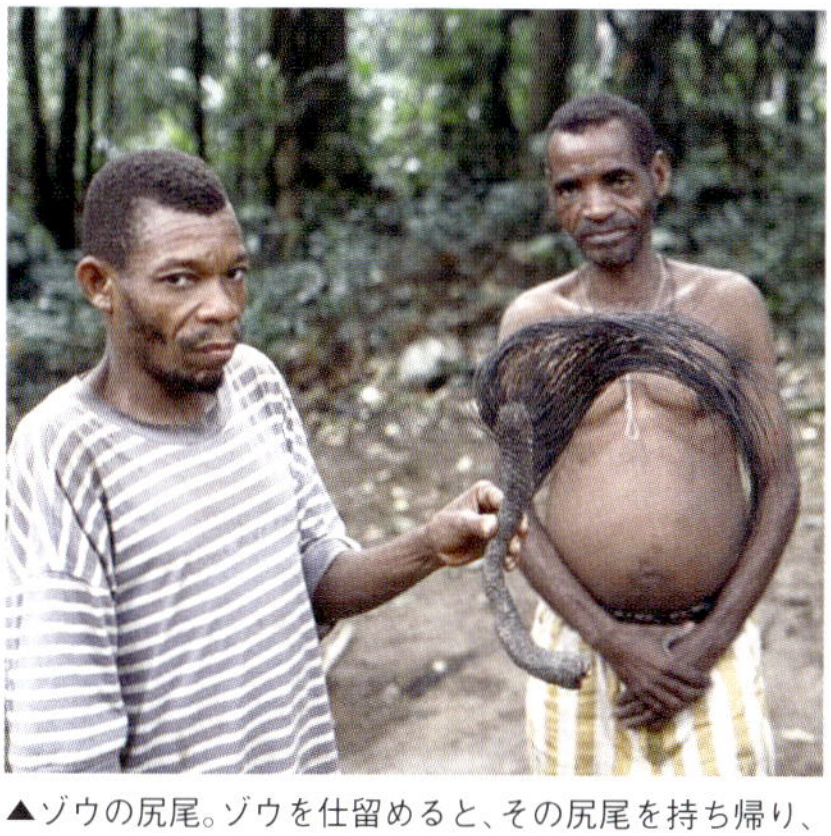

▲ゾウの尻尾。ゾウを仕留めると、その尻尾を持ち帰り、妻に渡す習慣がある

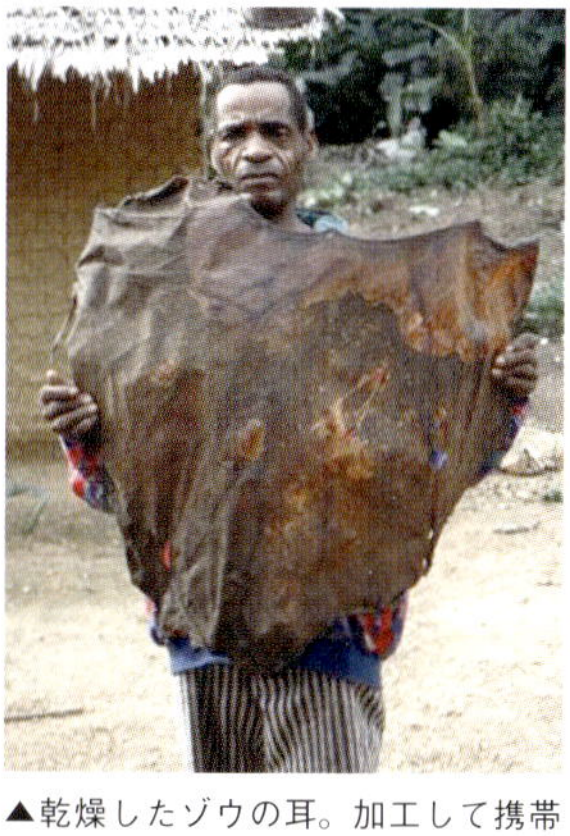

▲乾燥したゾウの耳。加工して携帯用の小箱をつくることもある

噛む楽しみは広がる

石田《いしだ》 慎一郎《しんいちろう》

概説地図（p. 16）

2–6

噛む嗜好品「ミラー」

石ころだらけの坂道を下ると、若者たちの溜まり場がある。昼下がりの茹《う》だるような暑さのなか、私は、若者たちにまじってしばし疲れた身体を休める。ひとまわり挨拶の握手をして腰を下ろすと、若者の一人が、ミラーをひと束分けてくれた。緑色の葉っぱを落とし、赤みがかった瑞枝《みずえ》を口のなかに運ぶ。こうして仲間とともにミラーを噛んでいると、いま自分はメルの村にいるのだとあらためて思う。

ミラーの瑞枝は、幹のいたるところから次々と生えてくる。10 cm 以上の長さになれば収穫できる

ミラーとは、ここケニア中央高地のメルの人びとのあいだで、噛む嗜好品として古くから愛用されてきた樹木の名前である。口に入れるのは摘みとった新鮮な枝で、それには弱い覚醒作用がある。眠気を吹き飛ばすとも、身体の疲れをとるともいわれる。わずかに苦みがあるので、メルの人びとは、ピーナッツと一緒に噛んだり、ミルクティーや炭酸飲料をすすりながら噛んだり、あるいは砂糖をなめながら噛んだりする。アイディア次第で味わい方は変わる。

楽しみ方は多種多様だといっても、日ごろから噛んでいるのは男性だけで、女性で愛好家というのはあまり見たことがない。女性が噛むのは、たとえば一生に一度のこんな場面だ。恋人どうしの間柄にある男女が結婚の気持ちを固める。すると、相談を受けた彼の父親が、彼女の父親のもとに一束のミラーを持参する。彼女が、自分の父親の前でそのミラーを噛むならば、結婚を望んでいるという正式な意思表明になる。ミラーにはそんな用途もある。

収穫直後のミラーには緑色の葉がたくさんついている

ミラー
【学名：*Catha edulis*】

ニシキギ科の常緑低木。イエメンをはじめアラビア語圏ではカート、エチオピアではチャット、ケニアではミラーとよばれている。摘みとった瑞枝（地域によっては新芽や若葉）を噛むことで覚醒作用を得られることから、一部の国では法律で使用が規制されている。ケニア国内最大の生産地である中央高地のニャンベネ山稜一帯では、利用の歴史が古く、19 世紀末に出版された探検記にも記録が残っている。

国内外各地へ広がる市場

ミラーは、村人にとって、日々の生活を支える貴重な収入源でもある。村の人びとがつくる換金作物といえば、むかしはコーヒーが主流だった。けれども、一九九〇年代になると、市場価格が低迷したコーヒーに見切りをつけて、ミラーの栽培に切り替える人が急増した。

良質のミラーは、ケニアでは、土壌や気候の適したメルの土地でしか栽培できないといわれる。しかも、次から次へと新芽を育み、一年を通して収穫が絶えない。村人たちは、この恵みの木を大切にし、枝葉の剪定《せんてい》や防虫など、日ごろの手入れを怠ることはない。

メルの人びとがつくるミラーの買い手は、その多くがソマリだ。ソマリの人びとは、隣国ソマリアのみならずケニア国内にもいるし、なかには内戦のために難民として欧州に渡った人たちもいる。こうして、ミラーに対する需要は、国内外で各地に広がりつつある。

かつてメルの人びとにとって、ミラーは自分たちが楽しむ分だけで十分だった。それがいまではお金になる作物になり、村のあちこちに植えられるようになった。そして、収穫量を増やすために必要以上の農薬を散布する人や、学校を欠席してまで収穫や出荷の手伝いをする子どもまで出てきて、村で大きな問題になっている。

村の人びとは、老木から摘み取ったもののほうが美味だという。ここ一〇年のあいだに植えられた数多くの若木とはだいぶ違うのだ。新しい時代を迎えたいま、人びとは、ミラーとの上手なつきあい方を模索している。

収穫したミラーは、生産者が村のマーケットに運び、村内の加工業者の手に渡る

▶マーケットの脇の加工現場では、男女の労働者が、葉を取り除き、長距離輸送用の梱包を施す

▶葉を取り除いたミラーは梱包前にしばし乾かしておく。朝露でしめったまま梱包すると日持ちが悪くなる

梱包の済んだミラー。これらがソマリの商人の手に渡り、ソマリアや欧州に向けて出荷される

ラクダミルクこそパワーの源

池谷《いけや》 和信《かずのぶ》

概説地図（p. 16）

2–7

ラクダの放牧。牧夫がラフダの背に乗るのが特徴である（スーダン北東部のラシャイダ）

世界有数のラクダを飼う人びと

ラクダと人とのかかわり方はさまざまだ。肉や乳を食用にする文化、しない文化。人が乗る文化、乗らない文化。レースに使う文化、使わない文化。しかし、ものを運搬する目的でのラクダの利用は、世界で共通している。シルクロードやサハラ交易でのラクダのキャラバンだけではない。インドでは、牛の荷車をモデルとして、ラクダの荷車が大きな装備を運ぶものとして考案された。そこでは、使用済みの飛行機用タイヤが使われている。

「アフリカの角」に暮らすソマリ人は、およそ七〇〇万頭という世界でもっとも数多くのラクダを飼っている人びとだ。ラクダとともに今なお遊牧生活を続

▶ラクダの給水用の井戸（ソマリが掘ったもの）

ラクダ

【学名：*Camelus*】

ラクダは、熱帯の乾燥地域にみられるヒトコブラクダと中央アジア・西アジアの高原に多いフタコブラクダとに分かれる。ヒトコブはアラビアで家畜化されて現在野生種は存在しないが、フタコブはイラン北部で家畜化されて、ゴビ砂漠に野生種がいる。ラクダの性成熟は 3 歳であるが、一般には 4 歳になって繁殖共用を開始し、繁殖寿命は 20 歳以上にも及ぶ。ヒトコブの妊娠期間は 11 か月を費やす。現在の世界の国別飼育ラクダ頭数は、ソマリア、スーダン、インド、パキスタンの順であり、環インド洋の西北部に集中している。ちなみに、モンゴルは世界第 10 位である。

けている。かれらは、ラクダに乗ったりレースをすることはないが、乳や肉を好む。牛やヤギなどのミルクも口にすることはあるが、ラクダミルクこそがパワーの源であると考えている。しかし、結婚式などの特別の日以外には、めったにラクダを殺して肉を食べることはない。

女性は、運搬用のオスラクダを自由にあやつり、引っ越しや水くみの仕事がまかされている。少年は、おもにメスラクダからなる群れの世話をする。朝の八時から夜の九時ごろまで、ラクダの食欲を満たすために。成人した男性といえばキャンプでブラブラすることが多い。しかし、ひとたびラクダに下痢などの症状があると、治療をするのはかれらである。毎朝、しぼりたてのミルクが、主食となる煮込んだトウモロコシがゆや紅茶にいれられる。

残りのミルクを販売して、その収益で食料や砂糖を購入するのは女性の日課だ。

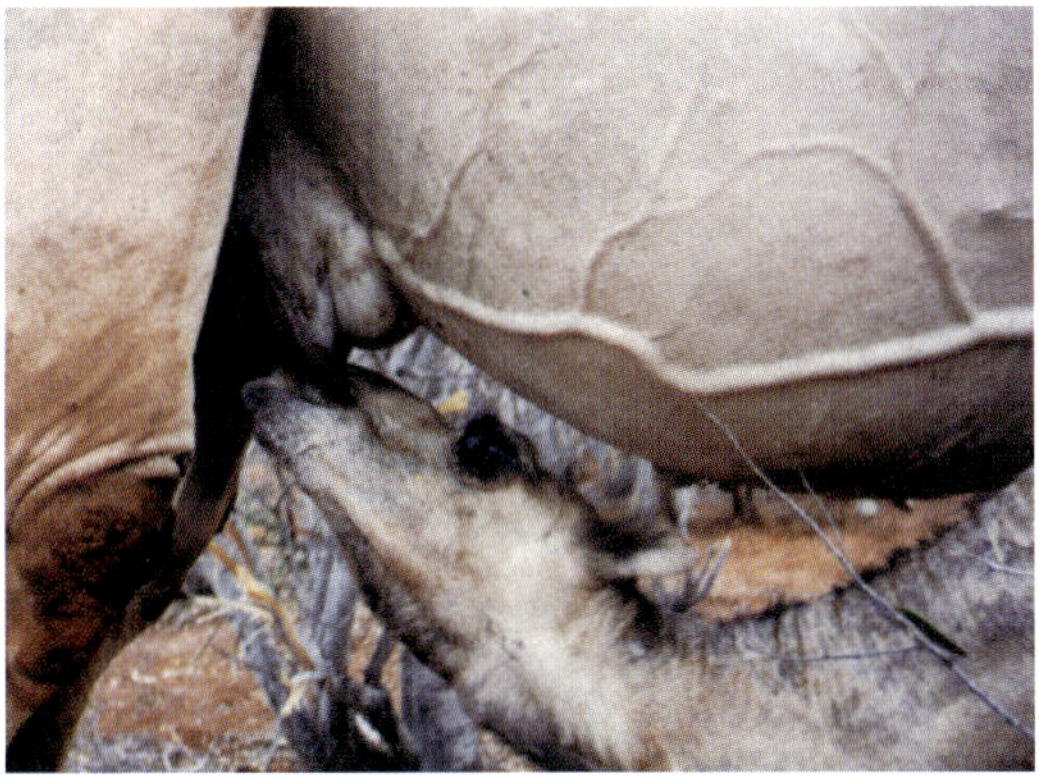

子ラクダが母親のミルクを飲む。途中、牧夫はミルク飲みを中断させて、人がミルクを搾乳する（ケニア北東部）

肉を求める人びと

ソマリ人が住む町では、毎日、ラクダミルクが飛ぶように売れる。ソマリ人は血をきらうので、他の民族によってほふられたラクダの肉が販売されている。処理されるラクダは、前後の足と首をロープで縛られたままコンクリート台に引っ張り込まれ逃げることはできない。ラクダは負けじとこらえるが、数分後には力つきて横倒しになる。その瞬間、ナイフをもった男がすばやく台の上にあがり、ラクダの長い首の根元をさすと、そこから噴水のように血が吹き上がる。ラクダは足をバタバタさせるが、みるみるうちに台の上は真っ赤に染まっていく。すでにコウノトリ科のアフリカハゲコウが、ラクダの血のにおいに誘われて集まっている。

かれらは、ラクダ肉のなかでアマンとよばれるコブがもっともおいしいとみている。ラクダ肉は一口大に切り、水の入った鍋で、焦げつかないようにゆでることが多い。また、保存食として干肉にすることもある。肉の塊を細長く切り、天日で丸一日かけてしっかりと乾燥させた後、その肉を小さく切り、油を熱したなべに入れる。だいたい火が通ったところで、塩をふって味をととのえ、油をきったら干し肉のできあがりだ。

ラクダカート（インドのラージャスターン州にて）

ラクダの解体（ケニアのガリッサにて）

ラクダを食べる習慣は、広くイスラームの諸国でみられる。近年、ソマリのラクダは、インド洋に面する港から船でカイロに運ばれている。当然カイロでは一頭のラクダが一〇万円以上という高価なものになるが、肉を求める人びとは多い。現在、世界的に見てラクダ飼育者は急速に減少しているというが、ソマリはブッシュであれ町であれ、ラクダとの関係にこだわりつづけている。

3 南アメリカ《概説》

ベーリング海峡を抜け最初のアメリカ人となった人びとは、ロッキー山脈の東沿いに氷のない回廊を抜けて、しだいに大陸を南下していった。約一万年前の遺跡は、南北両アメリカ大陸の各地で発見され、南アメリカ大陸南端にもすでに人びとが生活していたことがわかる。

紀元前一五〇〇年ごろにトウモロコシを主とした集約農耕が成立する。インカ文明、アステカ、マヤ両文明の始まりである。これらはマヤなど一部の文明をのぞき、文字が使用されず、青銅器も未発達な文明だったが、政治・社会機構・壮大な宗教建造物や土木工事、工芸品などの面で旧大陸文明に劣らぬものをもっていた。一六世紀はじめにスペイン人により滅亡するが、その精神的・技術的伝統は、現在の先住民文化のなかに多く残されている。また、オリノコ・アマゾン川の流域には今なお、四〇万人の人びとが小さな社会にわかれて暮らしている。

アンデス高地民の生活には、インカ以来の伝統とヨーロッパ人との接触でもたらされた外来の要素が混在している。たとえば、祭はヨーロッパ風の仮面や衣装をつけ、伝統的な笛や太鼓を使っておこなわれるものが多い。日常生活においても、ムギ・ウシ・ヒツジなどの新しい作物や家畜、衣装を導入しながら、農耕、織物や土器づくりなどの面では接触以前とあまり変わらぬ技術を保っている。

一方、熱帯低地では、ヨーロッパ人との接触や近年の急激な開発にともない、絶滅したり大きな変化を強いられた部族がある。しかし現在も生活の基礎は、従来のマニオク、バナナ、サツマイモなどの焼畑耕作やペッカリー、バクなどの狩猟におかれている。また、収穫・狩猟・通過儀礼などを行う際には、頭や腕を羽根で飾り、神話上の人物や動物をあらわした仮面をつけて踊る。西欧文化を受容し融合させせながら独特の文化を形成させている。

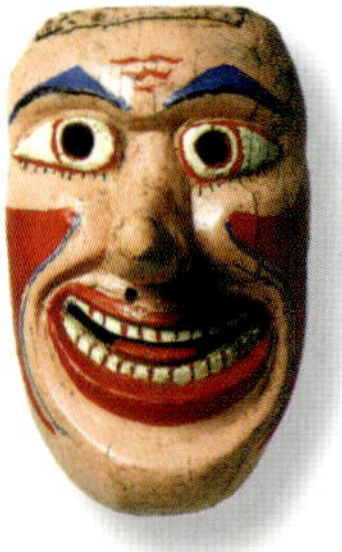

仮面（【上】ボリビア・ラパス、【下】エクアドル・サキシリ）：上の仮面はアンデス高地南部の代表的な踊り「ディアブラダ」に使う。ブリキ製のほかに石膏製もある

3–1：ボリビア高地
3–2：ホンジュラス
3–3：ベクウェイ島
3–4：ペルー・北部
3–5：ブラジル・アマゾン川中流域

衣装（ボリビア・アマレテ）：ペルー国境に近いボリビア北西部の衣装。アクスという女性用毛織りのワンピースと帽子の下の頭帯は、おそらく先スペイン時代からのものと考えられる

知られざるアンデスの雑穀

山本《やまもと》 紀夫《のりお》

概説地図（p. 32）
3−1

楽しみのキヌア入りスープ

アンデスに出かけるとき、いつも楽しみにしている食べ物がある。キヌア入りのスープである。肉やジャガイモなどと一緒に煮込んだもので、ちょっととろみがあり、とてもおいしい。とくに、厳しい冷え込みのあるアンデス高地の夜など、キヌア入りスープを食べると体があたたまり、いつもおかわりをしてしまうほどである。

キヌア。キヌアの実は直径二ミリメートルほどと小さいが、これをアンデスの人たちは雑穀のように利用する（ペルー・クスコ地方）

さて、このキヌアとは何か。おそらく、ほとんどの人は聞いたこともないだろう。それもそのはず、キヌアはアンデスのなかでも、その高地部でしかみられない非常にローカルな作物である。また、そのアンデス高地でも、ジャガイモ畑などとくらべると栽培面積がちいさいため、キヌアの畑とは気づかず、見過ごしてしまうこともある。

キヌアはアカザ科の植物で、日本で雑草として生えているアカザの仲間である。このアカザの葉を日本では戦後の食糧難時代に野菜として食べたといわれるが、アンデスでは葉ではなく、その種子を利用する。キヌアの種子は直径二ミリメートル前後とアワ粒のようにちいさいが、これをスープに入れたり、あるいは粥のように煮て食べるのである。このような利用法から、キヌアは雑穀のひとつと考えられている。

雑草としか思えなかったキヌア

このキヌアをわたしがはじめてみたのは一九六八年、ティティカカ湖畔でのことであっ

キヌアの播種をするチパヤの人たち。砂漠のような荒涼とした環境であるが、キヌアだけは生育する（ボリビア・オルロ県チパヤ）

キヌア
【学名：*Chenopodium quinoa*】

アンデスでの栽培の歴史は古く、紀元前数千年ころには栽培されていたらしい。現在の主要な栽培地域はペルー南部からボリビア北部にかけての標高 4,000 m 前後の高地である。種子には有毒成分のサポニンがふくまれているため、料理をするまえに水晒《みずさら》しなどの毒ぬきの必要がある。また、栄養価に富んでいるため、最近健康食として注目を集め、ヨーロッパなどの一部地域では栽培も始められている。

た。ティティカカ湖は、ペルーとボリビアの国境をまたぐように位置しており、その標高は富士山の頂上よりも高く三八〇〇メートルあまりもある。そのため、湖の周辺は木が成育せず草原地帯になっているが、そこには集落もあり、農業もおこなわれている。ジャガイモをはじめとするアンデス原産のイモ類やキヌアなどが栽培されているのである。

もちろんジャガイモはアンデスに出かける前から知っていたが、キヌアはアンデスではじめてみた作物であった。しかし、わたしにはキヌアは作物とはみえず、雑草としか思えなかった。日本にある雑草のアカザとほとんど変わらなかったからである。また、利用されるという種子もちいさく、生産性もひくそうで、とても雑穀にはみえなかった。さらに、その種子は有毒成分をふくんでいるので、そのまま煮たり、炒ったりしただけでは苦みがあって食用にならないのである。

キヌアの脱穀

キヌアを主食にする理由

こんなキヌアを主食にしている民族がある。それを知ったのは、ずっと後のことである。一九八三年、ボリビア高地でのことであった。そこはチリとの国境付近で、やはり標高は四〇〇〇メートルにちかい。しかも、乾季の終わりごろにおとずれたせいか、まわりに植物がまったくみられず、砂漠のように荒涼としたところであった。このような環境のなかで、少数民族チパヤの人たちは暮らしている。そして、かれらこそがキヌアを主食にしている人たちなのである。

では、なぜかれらはキヌアを主食にしているのだろうか。そこで暮らしてみて理由がわかった。コーヒーを飲もうとしたときのことだった。変な味がするので、コーヒーをかえ、湯もかえて入れなおしてみた。ところが、やはり味はかわらなかった。そこで、水を飲んでみたところ、水が塩分を含んでいるのであった。どうも水だけではなく、土そのものが大量の塩分を含んでいるらしかった。

キヌアの殻粒

じつはキヌアは寒さに強いだけでなく、塩分にも強い作物なのであった。そのため、塩分のせいでほかの作物が栽培できないところでもキヌアだけは育つ。こうしてチパヤの人たちはアンデスでは珍しくキヌアを主食にしているのである。

キヌアのお粥を食べる人たち（ボリビア・ラパス県アマレテ村）

トウモロコシから生まれたマヤ文明

青山《あおやま》 和夫《かずお》

概説地図（p. 32）

3−2

マヤ文明の発展の原動力のひとつ

わたしは、一九八六年以来、中米のホンジュラスとグアテマラでマヤ文明の調査に従事している。ホンジュラスは、わたしの妻ビルマと長女さくらが生まれた国だが、主食は、なんといってもトウモロコシである。トウモロコシは、乾燥と貯蔵が容易であり、その余剰生産は、マヤ文明（紀元前一〇〇〇年～一六世紀）を生み出した原動力のひとつであった。日本の天皇が稲作の儀礼に深くかかわってきたのと同様に、トウモロコシは、マヤ文明の王権や精神世界においても重要であった。マヤの王は、宗教儀礼においてトウモロコシの神をはじめ、神々の仮面・衣装・装飾品を着用して、しばしば神の役割を果たした。

九月一五日の独立記念日。メスティソ（白人と先住民の混血）の女の子

　マヤの東西南北の色は、それぞれ、赤、黒、黄、白であった。方位の色がなぜそうなのかはよくわからないが、四種類のトウモロコシの色と同じというのは示唆的といえよう。トウモロコシは、スペイン人が一六世紀に侵略した後も、現在にいたるまで中米の主作物である。ホンジュラスにあるマヤ文明の大都市遺跡コパン（ユネスコ世界遺産）でも、発掘作業員兼農民のマヤ系先住民の話題の中心は、トウモロコシの発育状況とサッカーである。

マヤ系先住民の発掘作業員と一緒に。発掘現場を離れると、トウモロコシ畑で働く農民である

　トウモロコシは、日本と同様に、そのままゆでるか、焼いて食べることもあるが、粉にしてさまざまな料理をつくるのが一般的である。まず、トウモロコシの粒を食用の石灰水に入れてゆでる。石灰のアルカリ処理によって、トウモロコシの皮がやわらかくなって挽きやすくなり、パン生地としての粘りを引き出す。またカルシウムを補給でき、トウモロコシが含むナイアシン（ビタミンB_3）の吸収を促進する。伝統的な調理法では、石灰水で処理したトウモロコシの粒を製粉用石盤メタテと石棒マノで挽きつぶし、スペイン語でマサとよばれる練り粉

トウモロコシ
【学名：*Zea mays*】

メキシコ原産のイネ科の一年草で、世界三大穀物のひとつ。イネ科の野生植物テオシンテ(1本の穂に6～10粒の種子をつける)が、採集利用された過程で突然変異してトウモロコシの先祖になった、という説が有力。メキシコ高地のオアハカ盆地のギラ・ナキツ岩陰遺跡からは、紀元前4300年ころとされる、現在のところ最古のトウモロコシ遺体が出土した。穂軸の長さがわずか2 cmほどの小さなもので、穀粒は平均55粒であった。モンゴロイドの先住民たちが、数千年にわたって品種改良を重ねた結果、現在では何枚もの苞葉に包まれ穂軸に数百の穀粒をつけるトウモロコシは、人の手なしには生存できない植物になっている。

の玉をつくる。マサを団子状にしたものを両手で叩きながら薄く平たい円形にして、土製板や鉄板の上で焼いたのが、わたしの大好物トルティーヤである。挽きたての練り粉から手づくりの、分厚く、できたてのトルティーヤほどおいしいものはない。といつも思う。首都のテグシガルパ市でも、昼時になると、できたてのトルティーヤを大きな籠に入れた女性が、「トルティーヤはいりませんか！　できたてだよ！　私のトルティーヤはもっと大きいよ」と大声で叫びながら家々を回っていく光景が見られる。

できたてのトルティーヤ

多様でハイブリッドなトウモロコシ料理

　トルティーヤが広まる以前のマヤ文明では、トウモロコシは、トウモロコシの粉を水にとかして飲むアトレ、蒸し団子のタマルとして食用されていた。一六世紀以降に旧大陸起源の食材を取り入れた現代のタマルは、ハイブリッドな食文化を反映する。マサを砂糖や塩で味つけしてトウモロコシの苞葉で包んで蒸した小型タマルのタマリート・デ・エロテ、鶏や豚の肉をマサでくるみトウモロコシの苞葉で包んで蒸したモントゥーカ、マサの中に鶏や豚の肉を入れてプランテン・バナナの葉に包んで蒸したタマル、そしてホンジュラスの「タマルの王様」といえる、クリスマスに欠かせない大型のナカタマルなどがある。ブタ、ウシ、ニワトリ、各種バナナ、サトウキビ、タマネギなどは、旧大陸から導入されたものだ。

　トルティーヤは、現代料理のタコスの皮でもある。ホンジュラスのタコスは、鶏肉か牛肉に、みじん切りにしたジャガイモやタマネギを加えて炒めてトルティーヤで巻き、油で揚げるのが特徴である。ぱりぱりとした食感で、ビールのつまみにも合う。トルティーヤにチーズを挟んで焼いたケサディーヤや、マサにチーズを加えてドーナツ型にしてオーブンで焼いたロスキーヤは、朝食やおやつとして好まれる。

首都テグシガルパ市のレストランにて、右中央が筆者

▲コパン遺跡の「石碑H」(8世紀)。トウモロコシの神の装束をまとう13代目王

コパン遺跡の「石碑6」(7世紀)の前の妻ビルマと長女さくら

モバイル時代の鯨捕り

浜口《はまぐち》 尚《ひさし》

概説地図（p. 32）

3−3

捕鯨法は変わらないが…

手投げ銛を打ち込まれ、銛綱一本で繋がっているボートを勢いよく引っ張っていたザトウクジラが急に方向転換し、ボートに向かって来たときの話を聞いたことがある。怖さのあまり全員、血の気が引いてしまった。その直後、ザトウクジラの背中でボートが跳ね上げられ、全員が海の中へ。ビニール袋に入れていた無線機のスイッチを入れ、救援を依頼して事なきを得た。そんな話である。

捕鯨ボートの帰還、艇長 8.2 m、幅 2.1 m（2001 年）

カリブ海セント・ヴィンセントおよびグレナディーン諸島、ベクウェイ島でのザトウクジラ捕鯨を追い始めて二一年になる。その間に捕獲されたザトウクジラは二二頭。平均すれば年間一頭あまりの捕獲という慎ましい捕鯨である。アメリカの帆船式捕鯨船に積み込まれていた捕鯨ボートを模して建造された八メートル強のボートに六人が乗組み、手漕ぎ・帆推進でクジラを追跡、手投げ銛を打ち込み、最終的にはヤスで仕留めるという捕鯨法は百数十年間変化していない。唯一変わったのが高台の探鯨者から鯨捕りたちへの連絡法である。かつては、手鏡を太陽に反射させてクジラ発見の合図が発せられ、その後は無線機となった。

1 日の仕事を終えた鯨捕り。この日の捕獲はなし（2005 年）

ザトウクジラ
【学名：*Megaptera novaeangliae*】

ナガスクジラ科。極地から熱帯までのほぼ全海域に生息している。成熟個体の体長は 12〜14 m、体重は 30〜40 t。ベクウェイ島民が捕獲対象としている北大西洋系群のザトウクジラの生息数は 1 万 750 頭以上と推定されている。同島民によるザトウクジラ捕鯨は国際捕鯨取締条約において先住民生存捕鯨として 5 年間に 20 頭を超えない捕獲が容認されている。

携帯電話で美味を追う

二〇〇二年、ベクウェイ島にも携帯電話会社が入ってきた。しかも三社がほぼ同時期にである。競争があるから料金は高くはない。鯨捕りたちも相次いで携帯電話を持つようになった。最近ではクジラ発見の第一報は探鯨者から携帯

▲生まれて初めてザトウクジラ料理を食べる筆者（1993 年）

探鯨中の鯨捕り。右下部に防水ケースに入った 携帯電話（2005 年）

電話で鯨捕りたちのリーダーである銛手に入る。その後、銛手から他の鯨捕りたちに携帯電話で連絡が流れる手順となっている。もちろん、鯨捕りたちは追跡方向の確認やボートの転覆に備えて、洋上にも携帯電話を持参する。万が一に備えて厚目の防水ケースに入れてある。

ザトウクジラの捕獲は年に一度あるかないかのできごとであるから、クジラを捕らえると島民は競って肉や脂皮などを買い求め、クジラ料理を賞味する。そのことによって、かれらは捕鯨の島の住民であることを実感するのである。

捕獲されたザトウクジラ（2009 年）

時が経っても変わらないのが、島民の捕鯨への情熱とザトウクジラ料理のおいしさである。

わたくしも現地で二度、ザトウクジラ料理を味わったことがある。生まれて初めて食べたときは、勧められるままに山盛りにされた一皿を平らげてしまった。そういえば、二度目にザトウクジラを食べてから一〇年以上が経つ。二〇一二年の漁期には、筆者の携帯電話に捕獲成功の連絡が入ることを願っている。通知を受けてから現地に出かけて行っても、食べる量は十分にあるはずである。

日本の無償資金協力で建設された鯨体処理施設。工事費 966 万円【撮影：歳原隆文】（2006 年）

秘伝の味

山本《やまもと》　睦《あつし》

概説地図（p. 32）

3−4

サン・ペドロと儀礼

ペルー北部の小さな村。満天の星と月明かりの下に響く、シャーマンの歌声と鈴の音。深夜の儀礼で使われるメサとよばれる祭壇の脇に、たっぷりと用意されている液体の正体がサン・ペドロというサボテンである。これだけ聞くとかなり怪しいが、ペルーでは多くの儀礼に使用されるため、ポピュラーな植物であり、市場などでも簡単に手に入る。また、その歴史も古く、紀元前の遺跡の石彫にサン・ペドロの姿を見ることもできる。

市場で売られるサン・ペドロ（中央手前）

儀礼のための準備はいたってシンプルで、水にサン・ペドロを入れ、煮出すだけである。重要なのは時間帯で、サン・ペドロが開花するといわれる夜一〇時にはすべてを終えていなければならない。面白いことに、準備のシンプルさに反して、できあがったサン・ペドロの味は、それをつくるシャーマンによって個人差がある。基本的にはのどごしが悪いうえ、苦味も強く、飲むと吐き気をもよおすともいわれる。ただし、シャーマンによれば、「清め」になるので嘔吐するのはいいことらしい。文字どおり体のなかをきれいにするのである。

シャーマンの儀礼の効果は、基本的に「癒し」である。シャーマンのもとには、人間関係、恋愛、病気や商売に悩む人などが訪れる。そこで、シャーマンは儀礼を通じて、とくにサン・ペドロが見せる幻覚作用の内容について参加者と会話をしながら、問題の解決を図っていくのである。

わたしが儀礼に参加させてもらったシャーマンらによると、かれらが信仰するのは山や湖、遺跡などで、儀礼の際にはそれらが力を貸してくれるという。しかし、かれらは敬虔なキリスト教徒でもある。そのため個人差も大きいが、儀礼に使用される祭壇には、十字架やキリスト教の聖人の置物から刀、ライフル、形状や色彩の特徴的な石、遺跡から掘り出された石器など多彩なものが並ぶ。

成長したサン・ペドロ

サン・ペドロ

【学名：*Trichocereus pachanoi*】

メスカリンを含有し、個人差や服用時の精神状態、環境や状況にもよるが、服用すると幾何学模様などの幻視作用などをもたらすサボテン。ペルーなどアンデス地域では、広く、シャーマンの儀礼に用いられる。名前のサン・ペドロは、スペイン語でキリスト十二使徒のひとりで、天国の鍵を与えられたという「聖ペテロ」を意味している。これはかれと同様に、サン・ペドロが、その幻覚作用により、異世界への道を拓くものとされているからである。

シャーマン一家との楽しみ

これまで、この地域では有名な親子関係にある二人のシャーマンの儀礼に参加する機会があった。わたしとこのシャーマン一家とのつきあいは二〇〇五年からかれこれ七年になるが、かれらとのつきあいは、儀礼だけにはとどまらない。村では一緒に食事をしたり、酒を酌み交わしたり、馬鹿話をする仲でもある。

以前、発掘をする遺跡で、調査の無事を祈って儀礼をおこなった。このとき、わたしにこれまでサン・ペドロによる幻覚や嘔吐の経験がないことをよく知る二代目のシャーマンが、にやにやしながら近づいてきて、ある液体を手渡した。特殊なサン・ペドロだというが、明らかに原液に近い。飲んでみたのはいいが、さすがにこれには耐えられず、苦しんでいるわたしの横で二代目は声をあげて楽しそうに笑っていた。

儀礼に使用される祭壇（左の一斗缶の中身がサン・ペドロ）

ちなみに、儀礼にはシャーマンと儀礼の依頼者のほかにアシスタントも参加している。かれらは、儀礼の準備から後片づけまでをシャーマンとともにし、時にはシャーマンに代わって、参加者に儀礼手順の説明をしたりするなど、儀礼には欠かせない存在である。わたしが発掘調査をおこなった二〇〇五年と二〇〇六年には、この儀礼のアシスタントを二代目の子どもにあたる若者がおこなっていた。小さなころからいつも儀礼に参加していたそうで、かれはそのときすでに儀礼を熟知していた。

こうやってシャーマンになっていくのかとも思ったが、事態はそう簡単ではないようである。シャーマンになるにはきちんとした修練をつまなければいけないし、何より才能が必要だという。以前、アシスタントをしていたかれに、今後シャーマンになる気があるのかどうか訊ねてみた。「そのときになってみないとわからないよ」と、かれはわたしに笑いながら答えた。

儀礼をする初代シャーマン

儀礼をする２代目シャーマンとそのかたわらに座る三代目（?）

あれから数年の時が過ぎた昨年のフィールド調査時である、かれの祖父と父にあたるシャーマンの家を訪ねてみると、三代目の姿はそこにはなかった。話を聞くと、どうやら都市に働きに出たらしい。かつて、わたしは、三代目のシャーマンが生まれたときに儀礼に参加して、親子三代にわたるサン・ペドロの飲み比べでもしてみようという、密やかな願望をもっていた。これでもうそんなこともなくなるのかとがっかりしていたわたしに、かれの祖父は笑みを浮かべて言った。「そのときになってみないとわからないよ」。血の繋がりをひしひしと感じさせるその言葉に少しうれしくなった。確かに焦る必要はまったくない。ゆっくりと気長に待つことにしよう。フィールドでの楽しみが、またひとつ増えた。

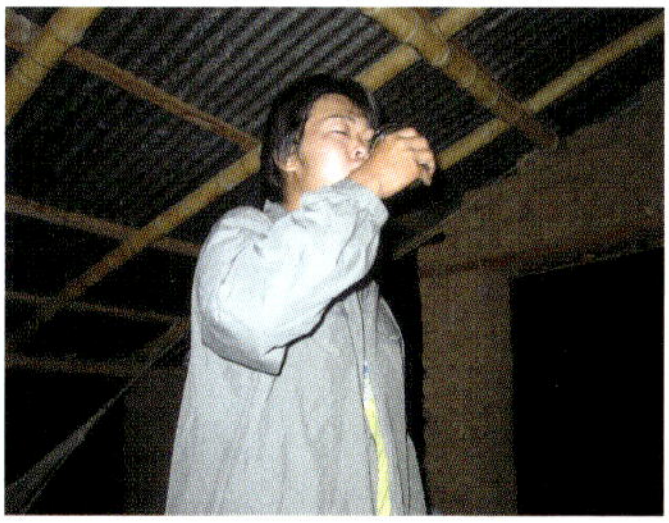
恐る恐るサン・ペドロを飲む筆者

ブラジルの国民的な飲み物

中牧《なかまき》 弘允《ひろちか》

概説地図（p. 32）

3–5

アマゾン先住民の飲料

ガラナはもともと植物名称であり、トゥピ語系のことばに由来する。故郷と目されるのはアマゾン川中流域であり、先住のサテレ・マウエ人が愛飲してきたことで知られている。その中心地であるマウエス市にはガラナ・アンタルチカの工場もある。

ガラナの実からいわゆるガラナ・パンやガラナ・スティックがつくられる。種子を乾燥させて臼《うす》でつき、半年くらい乾燥させてパン状にしたものがガラナ・パン。丸い棒状に固めたのがガラナ・スティック。その棒をピラルクという巨大な淡水魚の舌でこすった粉末がガラナ・パウダーである。サテレ・マウエ人のあいだでは、家庭でも日常的につくられ、集会のときなどには、粉末を大きなヒョウタンの器に入れて水で溶き、回し飲みをする。わたしも一度、そうした集会で飲んだ経験がある。味は淡白だが、多少苦みと渋みがある。アルカロイドとしての鎮静作用があり、集会では興奮を抑制する効能がえがたいのであろう。

ちなみに、一七世紀にサテレ・マウエ人に宣教をこころみたイエズス会士は、「寒さに対処するには砂糖が必要だが、暑さに対抗するにはガラナが一番だ」としるしている。炎天下の旅には必需品でもあったようだ。また空腹を感じさせない作用があり、頭痛、発熱や下痢《げり》などの症状にも効くという。

サテレ・マウエ人のあいだでは、ガラナの起源神話が次のように伝えられている。むかしむかし、二人の兄と末の妹が暮らしていて、妹はパラ栗を育てる農園を管理し、薬草から薬を調合する役目を負っていたが、ある日、蛇が彼女を妻にしたいと思い、股間《こかん》に侵入してしまった。すると彼女は妊娠して男の子を生んだ。その男の子のために彼女はパラ栗を植えた。その栗は大人になってからでないと食べてはいけなかったのに、男の子はタブーを破ってパラ栗を食べてしまう。それが見つかり、見張り番の動物たちに殺されて、墓に埋められる。その死体の左の目からは偽りのガラナ、つまり実のならないものができ、右目からは本物のガラナが生えた。その後この墓からは、サルやイヌ、ブタ、そして最後に人間の先祖が生まれた、というような筋である。

サテレ・マウエ人はガラナの効用を独占的に享受するだけでなく、他の民族との交易にも使用していた。その範囲も遠くマトグロッソ州やボリビアにまで及んでいた。

ガラナ・スティックと淡水魚ピラルクの舌。ざらざらした舌でこすって粉末にする

ガラナ
【学名：*Paulinia cupana*】

アマゾン原産のムクロジ科のつる性植物で赤い実をつける。コーヒー豆とおなじくらいの大きさであるが、コーヒーの3倍から5倍くらいのカフェインが含まれている。タンニンの含有量も非常に多く、下痢や消化器系の症状によく効くという。またサポニンは疲労症候群に効能があり、カテキンは偏頭痛や神経症に効果があるとされる。最近は体重の減量や認知症にも効くという宣伝がめだつ。

ブラジル製粉末ガラナ製品のサンプル

日本にもあるガラナ・ドリンク

日本では滋養強壮剤の原料としてガラナエキスが使われることもあれば、炭酸飲料水のガラナ・ドリンクも各種製造されている。

ガラナ・ドリンクはなぜか、北海道でかなり販売されている。小原のコアップガラナをはじめ、ガラナエール、北海道ガラナ、キリンガラナ、ガラナスカッシュ等々。熊出没注意コアップガラナという製品まである。一説によると、コカ・コーラの日本解禁に対抗してガラナの製造を全国的にはじめたところ、他地方とくらべて北海道へのコカ・コーラの進出が遅れたため、ガラナの味が北海道に定着したのだそうだ。北海道ではビールにガラナを入れた時期もあったらしい。

在日ブラジル人が多数暮らす地域では、ソフトドリンクのガラナは必需品であり、缶のガラナ・アンタルチカが主力商品となっている。驚いたことには、炭酸飲料だけでなく、酎ハイのガラナも全国的に出まわっている。ガラナは日本でも意外と健闘しているのだ。

日本で販売されているガラナ・ドリンクのサンプル

戦前のガラナ

かつてマウエス市には、日本人が入植した時代がある。一九二八年には大石小作という人がガラナ栽培の夢をいだき、アマゾン興業株式会社を設立、自身も一九二九年、六名の移住者とともに入植した。このグループはかなり奥地まで入ってガラナを植えつけたが、ずさんな経営でガラナ事業は挫折《ざせつ》する。その後、東京で食品学校をひらいていた崎山《さきやま》比佐衛《ひさえ》という人物が、その分校をアマゾンにつくるといって、親戚《しんせき》を引き連れて入植した。そして、四万五〇〇〇本のガラナ園の経営に力を尽くしたが、かれもマラリアにやられて失敗する。崎山一族の末裔《まつえい》は今でもマウエス市に住んでいるが、ガラナの栽培からは手を引いている。

国内でガラナが登場したのは一九二七年である。東京・上野松坂屋でガラナの宣伝飲料会が開かれている。戦前、森下仁丹や大正製薬はガラナ飲料を販売していたし、山梨醸造はガラナ酒を製造していた。戦前のガラナ製品は、アマゾン入植者たちの夢とどこかでつながっていたのだろう。

ガラナ・アンタルチカ。手前はブラジル料理のフェイジョアーダ

4 北アメリカ《概説》

二万年以上の昔、無人のアメリカ大陸に現在のベーリング海峡地域をこえて一群の人びとが移動し、最初の住民になった。移動する動物を追いながらやってきたのは、後期旧石器時代の北東アジアの人びとであった。アジアからの民族移動はエスキモーを最後の移住者として何度かくり返された。

移住者達の一部は、北アメリカの極北、北部森林、北西海岸などに、狩猟・採集に依存して生活していく。彼らはきびしい環境に適応し、限られた資源を最大限に活用する生活を生みだした。氷上の海獣猟、内陸のカリブー猟などがおもな生業だが、地域的な変異は多い。数家族からなる集団が社会の基本である。かぎられた資源の利用と寒さへの対処が特徴的な、環境に順応した生活をおこなっている。

一方、北米大陸北西海岸などでは、黒潮による豊かな森林・川・海の資源に支えられ、高度な社会統合を実現させていた地域もあった。安定した食糧供給は大規模な定着集落と階層社会を生みだした。木材などを利用する特異な芸術方式には、意匠的にもすぐれたものが多い。

コロンブスのアメリカ「発見」以降、無数の文化が失われたが、各地の自然環境に適応した多様な伝統文化の一部は、その地域的特徴を今も残している。

防寒具一式（複製：アラスカ・エスキモー）：カリブーの毛皮製。空気の層をからだの周辺に何層もつくる構造をもつ。厳寒の地の理想的な防寒具

カヤック（カナダ・イヌイット）：木枠になめしたカリブーの皮をはりつけた軽量の水上交通手段。木製オールを使用する

雪眼鏡（グリーンランド・イヌイット）：氷上で反射する光がまぶしいため、目に入る光の量をへらすための道具。流木とカリブーの皮製のひもでつくられている

ユーコン川の恵み

井上《いのうえ》 敏昭《としあき》

概説地図（p. 44）

4−1

アラスカ内陸部の森林地帯を伝統的に生活圏とする先住民グィッチンは、毎年マスノスケがその地域を通過する六月から七月にかけて集中的に漁をおこなう。ユーコン川にはほかに、日本の食卓でもおなじみのシロザケやギンザケも遡上するが、かれらは「人が食べるべきサケ」としてマスノスケを真っ先にあげる。

　幅の広いユーコン川の河岸にへばりつくように仕掛けられた魚網やフィッシュホイール（サケ捕獲用の水車）には、全長一メートル近くあるマスノスケが一日に数尾かかっていることも珍しくない。

ユーコン川に出漁

サケ捕獲用の水車「フィッシュホイール」

マスノスケ
【学名：*Oncorhynchus tshawytscha*】

サケ科サケ亜科タイヘイヨウサケ属の魚類。北太平洋に注ぐ河川の上流部で孵化し、海に下って数年を海域で過ごしたのち、母川を遡上して産卵し一生を終える。ユーコン川では春から夏にかけて遡上し、河口から約 60 日間かけて 3,000 km 以上離れたカナダの産卵地をめざす。浅瀬などでは群れを成したマスノスケで川面が赤く染まることもある。ユーコン川に生息する魚類のなかでも最大の魚種であり、体長 1 m を超えるものも珍しくない。

大事な保存食

　獲ったマスノスケは、さばいたあと燻製にする。周囲に自生する針葉樹を燻煙材にもちいるが、そこに粘土状に朽ちた倒木の芯を加えるとよい香りがつくという。これがかれらの社会に昔から伝わる保存法だ。

　かれらがつくる燻製は、わたしたちが「スモークサーモン」と聞いて想像するものとは異なって、しっかりと燻煙して水分を飛ばしたものであり、日本にあるものではむしろ「とば」に近い。それでもマスノスケは脂がのっているので、ちぎるとオレンジ色の脂が滲み出してくる。

　燻製にしたマスノスケは常温でも保存が可能であり、保存食としてだけでなく野外での携行食料としても活用されてきた。近年ではこれをさらに瓶詰めにしたり、あるいは燻煙加工せずに冷凍庫に貯蔵したりして、次の年までの食料として保存する。

食物分配の主役

かれらの社会で伝統的におこなわれてきた食物分配の場でも、マスノスケは主役である。カリブーやヘラジカなど大型哺乳類を対象とする狩猟の場合、集落を長く離れて猟行を重ねる必要がある。しかも、そこまでしても必ず獲れるわけではないため、集落に獲物が持ち帰られる機会はまれだ。

一方マスノスケは、数時間もあれば仕掛けた漁具から漁果を回収して集落に戻ることが可能なため、漁に携わる人の数も多く、通常の遡上量であれば分配するぶんを含めても充分な量が地域社会に供給される。マスノスケ漁をおこなっている人びとを調査したところ、かれらの多くは漁獲の半数以上を他の世帯に分配していた。その範囲は集落の外に及び、マスノスケが獲れない地域や都市部に住むグィッチンにまでマスノスケがゆき渡る。

さらに、マスノスケの取り扱いの容易さも分配するのに好都合だ。カリブーなどの肉と異なり、特殊な技術がなくても解体できるし、燻製や瓶詰めに加工することでさらに扱いやすくなる。相手が高齢者であろうが都市部の住民であろうが、気がねせず譲渡することができるのである。パーキンソン病を患い出漁できない高齢者が一人で暮らす自宅を訪ねたところ、その家の冷凍庫には、マスノスケが七尾分貯えられていた。かれは「若い連中は俺のことを甘やかすんだよ」と言ってうれしそうに笑っていた。

社会資源として

現代のグィッチンは、このような食物分配に基づく互酬的社会を維持していることを誇りとし、自分たちのアイデンティティの基礎に位置づけている。であるなら、マスノスケは、かれらの日々の暮らしだけではなく、アイデンティティをも支えているといえるかもしれない。そのため、春から夏になると、マスノスケの遡上量が、地域社会の最大の関心事になるのである。

▶漁獲ポイントを探りながらフィッシュホイールをボートで曳航して移動させる

本日の漁果

マスノスケの燻製。右側の細く切り分けられたものは、「サーモンストリップ」とよばれ携帯食に用いられる

イヌイットの暮らしを支える

岸上《きしがみ》 伸啓《のぶひろ》

概説地図（p. 44）

4−2

現在のイヌイット文化は、西暦一〇〇〇年ごろにアラスカの沿岸で発生し、極北地域全域にひろがった捕鯨を経済基盤とするチューレ文化に由来する。

一七世紀ごろに寒冷化がピークに達し、ホッキョククジラの数が少なくなると、人びとは地元の陸獣や小型の海獣を食料資源とせざるをえなくなった。ほぼ一年中、捕獲できるワモンアザラシ（以下、アザラシと略称）は、そのなかでももっとも重要な食料資源のひとつであった。

捕獲したワモンアザラシ
（写真はすべてケベック州アクリヴィリ村）

アザラシの捕獲と利用

現在のアザラシ猟には、夏から秋にかけての海上でボートを利用した捕獲や、冬の海氷上に形成された呼吸穴を利用した捕獲、春の海氷上でうたた寝をしているアザラシの捕獲などがある。春や夏の狩猟は比較的容易だが、零下三〇度以下になる冬に呼吸穴にやってくるアザラシを何時間もじっと待ち続ける狩猟は、忍耐を必要とする。

アザラシの肉と脂肪はイヌイットの中心的な食料であるとともに、その毛皮は靴や手袋の素材となる。

冬のアザラシ猟。海氷上に形成された呼吸穴にやってくるアザラシを待つハンター。数時間待っても1頭も出現しないことがある

世界観におけるアザラシとイヌイットの関係

アザラシはみずからの意思で捕獲されるため、人間はアザラシを無駄にすることなく、ほかの人びとと分かち合いながら利用しなければならない、とイヌイットは考えている。また、捕獲したのちにアザラシに真水を飲ませるなど儀礼をして、その魂をカミの世界に送りかえせば、その魂はアザラシの姿をとって同じハンターのもとに戻ってくる、と信じている。

このように、イヌイットはアザラシを捕殺し、食べるが、そのアザラシを儀礼によって再生さ

ワモンアザラシ
【学名：*Phoca hispida*】

新生児は白い産毛に覆われて真っ白だが、成長すると濃い灰色の背中に明るい色の丸い模様をもつ。別名、フイリアザラシ。北極海やベーリング海、オホーツク海に生息する哺乳類で、ホッキョクタラや甲殻類をおもな食料としている。オスは体長約125～150 cm、体重65～95 kgで、メスは体長約115～140 cm、体重40～80 kg。生息数は600万頭と推定される。海洋汚染や温暖化の影響でその総数は減少しつつある。

せるため、両者は互恵的な関係にあるといえなくもない。

現金収入源としての毛皮の取引

一九六〇年ごろにノルウェーで毛皮のあらたな加工技術が開発されたので、アザラシの毛皮は高級毛皮服の素材として取引されるようになった。定住生活をはじめたため、現金を必要としていた当時のイヌイットにとって、石製彫刻や版画製作とともに、アザラシの毛皮の取引は貴重な収入源となった。

とくにアザラシの肉と脂肪は分配しながら食べ、毛皮を売り、現金を得ることができた。その現金でガソリンやライフルの銃弾を購入し、アザラシ猟を続けたのである。

アザラシをめぐる変化

ところが、一九八三年にヨーロッパ共同体が、動物愛護運動の影響を受けて、アザラシの輸入を禁止したために、毛皮市場は崩壊してしまった。イヌイットはアザラシの毛皮の取引から現金を得ることができなくなり、ガソリンを購入できなくなった。ハンターは、かつてのようには狩猟に行くことができず、食料不足に陥ることもあった。

さらに一九八〇年代から温暖化のためにアザラシの生息域が狭くなって、総数が減少しつつある。しかも、イヌイットの若者のなかには、村外から輸送されてくる加工食品を好んで食べ、狩猟にあまり従事しない者も出現している。

このようにアザラシをめぐる状況は、この五〇年間でおおきく変わった。今や、アザラシに多面的に依存していたイヌイットの生活は、急激に変化しつつある。

ワモンアザラシ

アザラシの解体

アザラシを分配するハンター

アザラシを食べる人びと。近所の人たちが集まり、捕獲したアザラシを食べているところ

手強い獲物は稀《まれ》なごちそう

立川《たちかわ》　陽仁《あきひと》

概説地図（p. 44）

4−3

大物との格闘

カナダとアラスカの国境を流れるナス川河口、アンソニー湾上でのこと。漁船では、オヒョウを捕るために仕掛けていた延縄《はえなわ》を、ガラガラと音をたててウィンチで巻き戻していた。左舷には三人の漁師がはりついて、それぞれの仕事を黙々とこなしている。ベテランのノーマンはじっと水中を見つめ、ジョンは餌のついたフックを黙々と取りはずす。またカイルは、万が一大物があがったときに備えて銛《もり》を構えている。

餌のとりつけ。魚の切り身やタコの足を餌にして、一定間隔をおいて延縄にとりつける

銛をもって待つ

一〇〇個ほど用意された餌の半分が回収されたころだろうか。水面を凝視していたノーマンが突然、ウィンチを操作していた男に大声で「止めろ!」と叫んだ。ほかのクルーたちも水面をのぞきこむ。そこには、オヒョウとおぼしき大きな魚の白い腹が見えているではないか! 同時に「ヒュー」という歓喜の声が甲板に響きわたる。だがそれは一瞬のことで、オヒョウがかかったとわかるとかえって三人の表情はひきしまった。貴重な獲物をここで逃すわけにはいかない。またオヒョウが暴れて彼らのほうが海に投げだされたり、けがをしたりしてもいけない。なにしろ体長一・八メートルにもおよぶという大魚なのだ。ノーマンはジョンに「代われ」といい、すぐさまたもでオヒョウを押さえにかかった。たもで捕らえたとわかると、すぐさまジョンはノーマンの体を支えにきた。オヒョウはバシャバシャと激しく抵抗する。男たちと魚との格闘が二〇秒ほど続いた後、ドスンという大きな音とともにオヒョウが甲板に落とされた。かれらは、オヒョウを捕まえることに成功した

オヒョウ
【学名：*Hippoglossus stenolepis*】

カレイ科。太平洋と大西洋北部の水域に生息している。北米の太平洋沿岸では、北緯 40 度以北にしか生息しない。日本でも東北地方以北で見られるが、数は少ない。両眼は体の右側についており、ふだんはタラや甲殻類を捕らえて食べる。成魚（生後約 7 年）になると、体長が 1.8 m、200 kg を超えるものもいる。近年、大西洋では減少が著しいため、商業捕獲が厳しく制限されている。

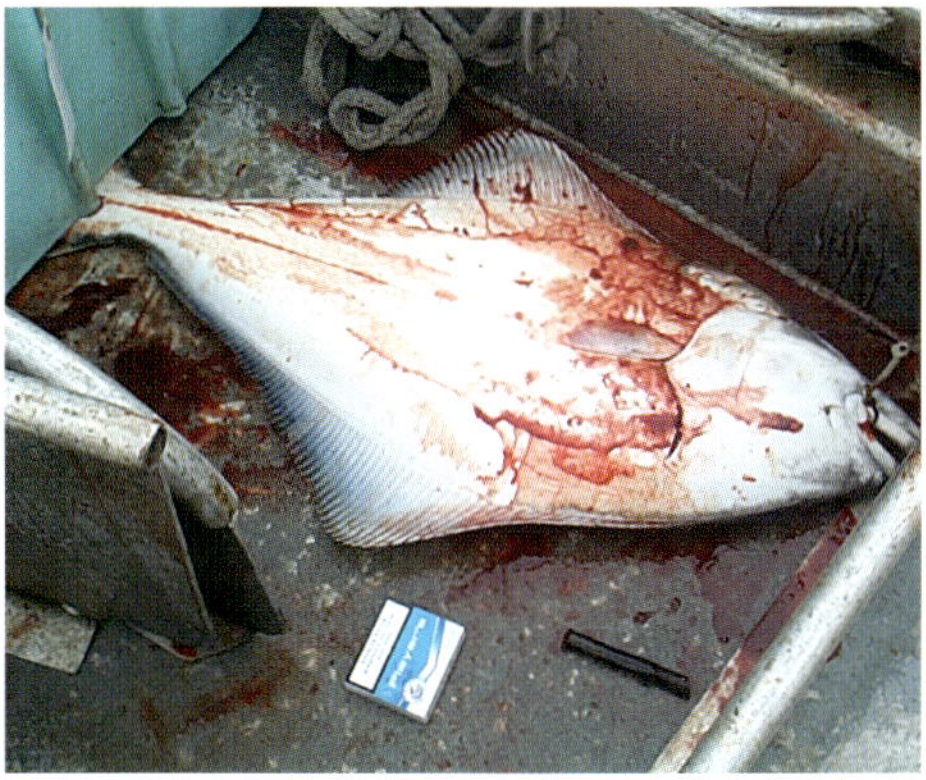

タバコの箱からオヒョウの大きさがわかる

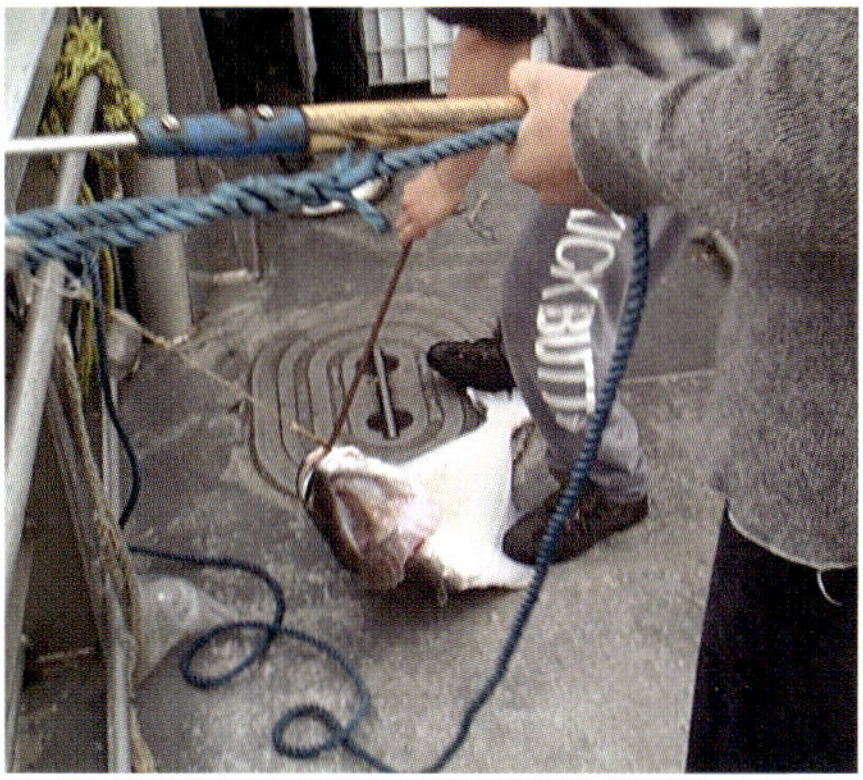

小ぶりではあったが、なんとか１尾のオヒョウの捕獲に成功

のだ。

名人とよばれる栄誉

かれらはカナダの太平洋沿岸に住むクワクワカワクゥという先住民だ。かれらにとって、オヒョウはサケほどではないにせよ、なじみ深い魚である。

その晩、わたしたちは肉厚の淡泊な白身を堪能した。とれたてを賞味するのは漁師の特権だが、陸で待つ身内も当然分け前を頂戴できる。ノーマンらは、陸にあがるや親戚、とくに老人たちの家を訪問し、肉を配ってまわるのだ。このときばかりは夜中の訪問でさえ迷惑がられる心配はない。なぜなら、どんなに眠くてもオヒョウの肉を喜ばない人はいないからだ。受けとった人は思いがけない豪華食材を喜び、持参した漁師に称賛の言葉をかけてねぎらう。「あのノーマンがオヒョウをとるようになったとは。一人前になったものだ」と。

現在、かれらはサケ漁を本職とし、その稼ぎでほとんどの食材を買っている。だからいまのかれらにとって、オヒョウは金を稼ぐ手段ではないし、日常的な食材でもない。けれどもクワクワカワクゥは、今も昔もオヒョウにこだわり続けている。オヒョウ漁とは、かれらが偉大なる自然界と真っ向から対峙する瞬間なのだ。だからこそ、かれらは漁民としての誇りをかけて、あえて戦いを挑む。漁法が近代化された現在でも、オヒョウの捕獲はむずかしい。だが成功した暁には、老人たちの喜ぶ顔と感謝の言葉、さらには「オヒョウとりの名人」とよばれる栄誉が待っているのだ。

こちらも調理例

カレーパウダーをまぶして揚げても、ステーキにしても美味で、都会のレストランで注文すれば結構な値がつく

5 北アジア《概説》

北アジアにはステップ地帯と広大なタイガ（樹林地帯）、さらにはツンドラ（凍土地帯）が広がる。シベリアには、オビ・エニセイ・レナ・アムールなど世界屈指の大河があり、無数の湖沼とともに生活の場を与えてきた。北部ではトナカイの遊牧、狩猟、漁撈を、南部では農耕や牧畜をおこなっている。一方、モンゴル高原は平均標高一六〇〇メートルの草原で古来遊牧民の天地であった。

狩猟・漁撈ではさまざまな儀礼が発達した。シベリア先住民の観念によれば、善と悪の神霊が存在し、悪意をもつ神霊は人間を不幸に引き入れようとチャンスをねらっている。一方、善意ある神霊は、あらゆる動植物に宿る精霊を従えており、すべての幸せを授けてくれるが、懇願しないかぎり願いを聞き入れてはくれない。そこで犠牲を捧げて願う一方、特別な人間（シャーマン）が悪意ある神霊と交渉する。このシャーマニズムという信仰形態は大きな役割を果たしていたが、現在ではしだいに姿を消しつつある。

遊牧においてはモンゴルはもっとも歴史の古い地域のひとつにあたる。モンゴルの遊牧民には、「五穀」ということばのように、「五畜」という表現がある。これは、ウマ・ヒツジ・ヤギ・ウシ・ラクダのことであり、見事な牧草地をもつモンゴルでは、ほぼ全土で放牧に適している。ただしモンゴルは一九二一年の社会主義革命および一九九〇年の市場経済移行を経て遊牧から定着する生活へ移行しつつある。

シベリアの先住民は主なものだけで三〇あまりの少数民族にわけられる。これらは、言葉で分類をすればモンゴル語系、ツングース語系などのほかにどのグループにも属さない言語をもつ民族、起源が不明のものもある。

石像（シベリア・トゥーバ）：トナカイの骨または石でつくられる。ウマ、ヒツジ、ヤギ、シシなどの姿が彫られているお守りである

5−1：モンゴル・フブスグル県・ツァータン
5−2：ロシア・アムール川流域・ナーナイ人
5−3：ロシア・ブリヤート共和国／イルクーツク州
5−4：ロシア・アムール川河口・ニヴフ人
5−5：ロシア・西シベリア・ネネツ人

シャーマンの衣装（左からサハ〈ヤクート〉・シベリア、トゥーバ・シベリア、サハリン）：巫術《ふじゅつ》をおこなうシャーマンは、礼冠をかぶり、鈴や金具がぬいつけられた重い特別な衣装をまとう。サハ族の場合、ふつう牛皮またはトナカイの皮が用いられ、前後の金具や房もみな意味をもっている

トナカイと生きる

稲村《いなむら》 哲也《てつや》

概説地図（p. 52）
5−1

トナカイ飼養発祥の地

モンゴル最北端フブスグル県に「ツァータン」とよばれるトナカイ遊牧民がいる。遊牧生活を続けるのは三〇家族ほどにすぎない。しかし、そこはトナカイ遊牧の最南端、また山地タイガ帯の最南端が草原と接する地域であり、「トナカイ飼養が草原の牧畜に影響されて成立した」との説によれば、トナカイ飼養発祥の地である。またツァータンたちの生活は、タイガのトナカイ遊牧の形態をよく維持している。

トナカイの乳房を拳で叩きながら搾乳する。乳量は約 250 g と少ないが、脂肪分が牛乳の 5 倍もある。チーズに加工したり、茶に入れて飲む

わたしが最初にかの地を訪ねたのは一九九三年九月。モンゴル人地理学者とともに、ウランバートルからロシア製ジープを走らせ、北端のソム（郡）定住区まで四日かかった。国境警備隊の宿舎に泊めてもらい、翌朝、用意されたウマに乗り国境警備兵の案内で出発した。森のなかを駆け、湿地を抜け、川を渡り、山道を上下し、休まず進んだが、途中で陽が落ちてしまった。進路をウマに委《ゆだ》ねてなおも進むと、イヌの吼え声が聞こえ、暗闇に天幕のシルエットが浮かんだ。なかに招き入れられると、ツェウェルさんというおばあさんと娘さんがトナカイ乳入りのお茶を出してくれた。それが美味しくて何杯もお代わりした。トナカイの毛皮の上に疲れた身を横たえると、円錐形天幕の頂点の隙間から雪が降り込んでいた。

翌朝、天幕の外には白銀の世界が広がっていた。雪原の起伏の向こうからトナカイたちがあらわれた。トナカイに騎乗した息子さんが巧みに群れを追ってくる。心のなかでおもわず「これだっ」と叫んでいた。それから筆者は、ツェウェルさん一家を毎年のように訪問し、いつしか一〇回を数えた。

かれらは家族単位で天幕に住み、一年をとおして移動をする遊牧生活を続けてきた。夏は標高二三〇〇メートルほどの冷涼な高原（氷食谷）に集まり、冬は標高一八〇〇メートルほどの森のなかに分散する。食糧確保のためクマ、シカの猟、また、現金をえるため毛皮獣のクロテン、

雪をかきわけるトナカイ。下に生えたトナカイゴケなどを食べる

トナカイ
【学名：*Rangifer tarandus*】

スカンジナビア半島からシベリア、グリーンランド、北米のタイガ、ツンドラ、北極圏にかけて生息する。オス、メスともに角をもつ。角は春に生え始め、枝分かれした大きな袋角に生長する。袋角の表面には皮膚があり、そこから体温を放出する。大きな枝角は表面積が大きく、夏に効率よく体温を放出できる。秋から皮膚を落として骨角になり、冬に角が脱落する。また、寒さや雪に適応した厚い毛皮や横に広がる蹄《ひづめ》をもつ。夏は草や木の葉を食べ、冬は雪をかきわけてコケなどを食べる。

リスの猟もしてきた。

　悠久のときを過ごしてきたかにみえたツァータンたちは、じつは、激動の時代をからくも生きぬいてきたのだった。もともと、西に接するトゥバ共和国（現在ロシア連邦に属す）とモンゴルの国境地域で移動していたかれらは、一九四四年、トゥバがソ連に併合された後、夜陰に紛れて国境を越えてきた。コルホーズのための家畜共有化、対ドイツ戦のための家畜徴用、子どもたちの学校の寄宿舎での病気蔓延《まんえん》などへの恐れがその理由だった。

　ようやく定着したモンゴルでも一九五〇年代末、コルホーズに倣《なら》ったネグデル（農牧組合）が実施され、トナカイが共有化され、それを請け負って飼うようになった。給料が支給され、小麦粉などの食糧が安定的に供給された。狩猟への依存度が減り、トナカイ飼養数が増加して総数で一〇〇〇頭を超えた。一方、林業や漁業が開発され、定住区に住む人も増えた。

適応の道を模索

　一九九〇年、モンゴルは社会主義から、民主主義、市場経済に国家体制を転換した。トナカイが私有化されたが、給料はなくなり、医療、獣医、流通、情報などすべての生活支援システムがなくなった。生活に窮したツァータンのトナカイ個体数は数年で半数に減ってしまった。


　一方、森の民の小さな社会が突然、秘境中の秘境としての国際観光スポットになった。幸い、観光は夏の短い期間に限られる。ツァータンのある者は観光客へのみやげ物を考案し、収入をえるようになった。また、ある者はウシやヒツジを飼う草原の遊牧民と協力し合い、草原家畜を所有して乳製品や現金収入をえるなど、新たな適応の道を模索してきた。

　ツェウェルおばあさんは数年前に亡くなったが、娘のハンダーさんが結婚して子どもができた。国際関係と国家体制の変革に翻弄《ほんろう》されながら、伝統を守ってきたツァータンたちは、これからも森を愛し、トナカイとともに生きる生活を続けていくのだろうか。

▲秋営地への移動の準備。幼児用の鞍に子どもを縛って落ちないようにする

▲夏営地でトナカイの群れを追う少女。トナカイは灌木《かんぼく》の若葉を食べる

▲夏、伸びてきたトナカイの袋角を切る。袋角は漢方薬になる。以前はネグデルに納めたが、今は仲買人が中国に売っている

いまや、国際的な秘境観光スポットとなったツァータン社会

精霊に捧げ食べる

佐々木《ささき》 史郎《しろう》

概説地図（p. 52）
5-2

聖地エヴォロン湖で

水田が広がる日本では、フナはコイと並んで、用水路や近くの湖沼、河川で簡単に捕れたもっとも身近な魚のひとつであった。しかし、この魚が日本だけのものでないことはいうまでもない。フナ属とよばれるコイ科の魚は広く西はヨーロッパから東は日本まで、ユーラシア大陸の中部、北部を横断するように分布する。わたしが調査をしているロシア極東地域のアムール川流域にもフナの名産地がある。その支流のひとつであるゴリン川の流域にコンドンというナーナイ（極東ロシアの先住民族のひとつ）の村がある。その前を流れる川を四〇分ほどさかのぼると、エヴォロン湖とよばれる広大な湖があらわれる。そこがフナの一大産地なのである。かつてソ連時代には「エヴォロンのフナ」といえばモスクワの高級レストランにも名のとおった良質の食材であった。

浮き草の群落の周囲に網を張る

エヴォロン湖はコンドン村のナーナイの人びとにとっては聖地でもある。この湖の西側の岸辺にはカダハチャンとよばれる岩場があり、湖の精霊をまつる場所がある。精霊をまつるといっても、湖を訪れるたびにそこで捕れた魚をその岩場で調理し、一杯のウォッカと料理した魚の一切れを岩場に捧げて大漁と人びとの幸福を祈願して、あとは人間が料理を平らげ、ウォッカを飲み干すだけである。ただし、このとき人びとが精霊に捧げ、そして食べるのはもっぱらこの湖で捕れたフナなのである。

浅瀬ならではの漁

エヴォロン湖のフナ漁には夏漁と冬漁がある。

夏場は、フナは湖に島状に浮かぶ水草の下に隠れていることが多い。漁師はフナが隠れていそうな水草の群落の周囲に半円状に網を張り、網を張ってない側から水面をたたいて魚を脅かして網に追い込む。ただし、この湖は広いわりには浅い。真ん中まで来ると、周囲の岸辺の山々が遥かにかすんで見えるほどなのだが、水深は人の腰ぐらいまでしかない。したがって、漁師たちは網を張った後、ボートから降りて、歩いて魚を追い立てるのである。網は刺し網なので小さな魚はかからない。フナでも体長三〇センチメートル程度の大物を中心に捕るのである。

この地方は真冬にはマイナス四〇度を下回る厳寒となる。水深が浅いエヴォロン湖はほとん

フナ
【学名：*Carassius*】

アジアからヨーロッパまで広く分布するコイ科の魚。フナ属(*Carassius*)の分類は諸説あるようだが、ヨーロッパから中央シベリアまで分布するヨーロッパブナ、東アジアを中心としたユーラシア東部に分布するギンブナ、日本各地や朝鮮半島にいるキンブナ、琵琶湖や淀川水系にいるニゴロブナやゲンゴロウブナなどがいる。観賞用に飼育される金魚はフナの突然変異種である。エヴォロンのフナは地域的にはギンブナの系統と思われるが、現在は、ヨーロッパブナの系統が入っているかもしれない。

▲フナの鱗を取る

▲引き揚げられたフナ（黒くて大ぶりなものはナマズ）

コンドンのフナ料理。フナの両側に入れたナイフの切れ目が特徴

ど全面が底まで凍る。さすがに寒さに強いこの地方のフナでも、凍ってしまっては生きてはいられない。そのために、水深が深く、真冬でも底のほうに凍らない部分が残る川の方に移動する。冬にはそのような川で氷に穴を開け、その下に網を張って、底のほうで越冬しているフナを捕るのである。冬のフナはえさをとらないので肉に臭みがなく、もっともよい状態になるという。モスクワの高級レストランで人びとの舌を楽しませたのはこの「寒ブナ」なのである。

あばら骨に沿って切る

コンドンのナーナイたちのフナ料理には奇妙なところがある。まずフナを湖の水で洗い、ナイフで鱗を取り除いて、腹を割き、内臓を取り出す。続いてあばら骨に沿って身にナイフで丹念に切れ目を入れていくのである。切れ目は魚の両側に入れる。火をとおりやすくするため、細かい骨を切るため（骨断ち）などと説明されたが、本当の理由はわからない。そのように処理された魚を鍋に入れ、水を入れてゆでるだけである。味つけは塩と胡椒と若干の香草である。味は繊細ではないが、大味でもなく、どちらかといえば淡泊である。夏場は若干泥臭さがあるが気になるほどではなく、寒ブナはそれがまったくないという。わたしは箸を使って食べたが、ナーナイの人びとは手を使って骨だけ残してきれいに食べていた。骨は硬くて丈夫なのと、かたちがおもしろいので、子どもの玩具になるという。

エヴォロン湖の聖地カダハチャンでの会食

バイカル湖のご馳走

伊賀上《いがうえ》 菜穂《なほ》

概説地図（p. 52）

5−3

ロシア民謡でも知られるシベリアのバイカル湖。世界一の深さと貯水量を誇る神秘の湖は、淡水に棲むアザラシをはじめ、独特の生態系をもつ。完全に淡水化したサケ科の魚オームリもそのひとつだ。

夕焼けのバイカル湖に漁船のシルエットが浮かび上がった（オイムル村）

味わい方、いろいろ

バイカル湖に行ったらぜひ味わってもらいたいのが、オームリである。オームリは淡水魚ではあるがサケ科なので、その風味はフナやコイとはまったくちがう。たっぷりと脂がのったオームリは、あっさりしたサンマ、サバといった味わいで、海の魚が好きな日本人にはもちろん、淡水魚になれたロシア人にも、そして肉好きで知られるブリヤート人にも人気が高い。オームリは塩焼きにしたりパイに入れたりもするが、わたしが好きなのは日本では珍しい燻製だ。ブリヤート人の知人は、塩漬けがお気に入りだという。

沿岸地域では庭先に干された漁網をよく見かける（オイムル村）

オームリ
【学名：*Coregonus migratorius*】

ロシア連邦、シベリア地域南部のバイカル湖に生息するサケ科の淡水魚。北氷海に生息するものと区別して、バイカル・オームリともいう。成魚は普通 35〜40 cm、重さ 1 kg ほどになる。9〜11 月ごろ、バイカル湖に流れ込む川を遡上して産卵し、再び湖に戻る。19 世紀から乱獲によって生息数が減少し、絶滅の危機に瀕した 1960〜70 年代には数年間漁獲が禁止されていた。

あたる魚⁉

オームリはいたみやすい魚なので、流通網が整備されていないシベリアでは、新鮮なまま遠くまで運ぶことが難しい。わたしがよく訪問するブリヤート共和国南部の村も湖から離れているため、オームリはあまり一般的な食材ではないが、それでもたまに生や塩漬けのオームリを売りに来る者があるという。

ある年の冬、いつもお世話になっている家に行くと、夏に家族全員がオームリにあたり、隣村の病院に担ぎ込まれたと聞かされた。いろいろな機会に食べてきた魚であるが、じつはかなり危険なのである。去年再びその家に行くと、上の娘さんが結婚したという。お相手とは食中毒で入院した病院で出会ったのだそうだ。まさに「あたり」の魚であった。ちなみに、この家族はまたオームリを食べはじめたらしい。

生活を支える

漁業は昔から沿バイカル地方の一大産業であり、沿岸地域に住む人びとの生活を支えてきた。その傾向は、ソ連崩壊後の生活難のなかでとくに強まっている。年金制度や就労システムが危機的状況に陥ったとき、オームリをはじめとするバイカル湖の魚は人びとの貴重な栄養源になってきた。漁業組合の賃金は十分な額ではないものの、個人的に魚を売れば、それ相応の現金収入が得られる。人気の高いオームリならば、さらなる高収入を見込むことができる。

わたしはバイカル湖畔の村に滞在したとき、村全体が南部のステップ地帯と較べて豊かそうで驚いた。村で一人暮らしをするおばあさんは、「この村では魚が手に入りやすいから、なんとか生きてこられた」と話してくれた。宿泊した家の主人も失業中ながら、早朝に一人ボートで湖に出てオームリを獲り、食卓に供してくれた。かつて訪問したステップ地帯の村の人が、「ウシを売ってもあまり儲けにならないし、自分が草を食べるわけにもいかない」と言っていたことが思い出された。

魚は自分で育てる必要もなく、すぐに商品化できる有利な資源である。だからこそ乱獲も進んでいる。人びとも資源枯渇を心配しているが、密漁はたえない。湖の環境汚染も、オームリと住民の体を蝕んでいる。おいしいオームリがいつまでも獲れることを、現地の人びととともにわたしも願っている。

▲沿岸の村では、バイカル湖、修道院、オームリを村章のモチーフにしている（ポソリスコエ村）

▲バイカル湖でのキャンプにはオームリがかかせない（オリホン島）

▲オームリの燻製

オームリ尽くし

春の訪れを告げるはえ縄漁

佐々木《ささき》 史郎《しろう》

概説地図（p. 52）

5–4

春を告げるカルーガ漁

四月に入るとさすがにアムール川の河口周辺にも春が訪れる。川面に張った厚い氷がゆるみ、水面が顔をのぞかせるようになる。ただ、川の氷がすっかり姿を消すのは五月である。水が温《ぬる》み、天井がなくなった川のなかを魚たちが活発に泳ぎ回る。ニヴフの漁師たちが舟に乗って本格的な川漁に乗り出すのはそのような季節である。

アムール川に沈む夕日

アムール川にはかつて大型のチョウザメが多数生息していた。カルーガ（ダウリヤチョウザメ）とよばれる種類である。体長は大きいものでは五メートルを超える。一九世紀後半に多数の移民が入植して以来、キャビアを目的に乱獲されたために現在は絶滅《ぜつめつ》危《き》惧《ぐ》の状態にあり、特殊な免許を取得しないと合法的には捕獲できない。ソ連時代には先住民族のニヴフたちに特別な漁獲の割り当てがあったが、ソ連崩壊後は免許取得に必要な費用が高騰して、かれらの多くは事実上捕獲できなくなってしまった。しかし、この地にニヴフしか住んでいなかった一五〇年ほど前まではもちろん免許など必要なく、自由に捕れた。ニヴフの漁は五月のカルーガ漁で始まった。

カルーガ【提供：標津サーモン科学館】

カルーガ（ダウリヤチョウザメ）
【学名：*Huso dauricus*】

アムール川に生息するチョウザメの一種で、この川に生息する魚のなかでは最大である。成長すると長さ3～5 mに達し、体重も300 kgにもなるが、漁獲されるのは100 kgまでのものが多い。肉食で、幼魚のころは小魚を食するが、成長するとサケ・マスを好んで食べる。産卵は春が多く、産卵地はアムール川全域に広がる。カルーガからもキャビアは取れるが、アムール川の先住民たちはもっぱら肉と背中の軟骨を取るために捕獲した。現在は絶滅危惧種としてレッドデータブックに登録されているが、長年の保護政策の結果、増加に転じているという説もある。

カルーガのはえ縄漁

この大型の魚は網や釣りでは捕れない。ニヴフたちは特殊なはえ縄を使った。長い丈夫な縄にひもで長さ一〇センチメートルほどの太い釣り針を何本も結びつけ、その釣り針に軽い木で作った浮きをつけ、川底に沈める。川底近くでは浮きの力で釣り針がもち上がり、水の流れに乗ってゆらゆらと揺れる。カルーガは好奇心が強い魚で、揺れる浮きに気づくと寄ってきて浮きと戯《たわむ》れるという。そのうちに針が胴体の一部に刺さり、その場から逃れられなくなる。漁師は定期的に見回ってきて、針が刺さってもがいているカルーガを見つけると、柄がついたかぎでもち上げて、頭を棍棒《こんぼう》で殴って気絶させて捕らえた。ボートの上に引きあげられないような大物の場合には絶命させず、気絶させたまま、ボートの側舷に縛りつけて村まで運んだという。まるでヘミングウェイの小説『老人と海』のような話である。

かつてカルーガ漁に使われていたはえ縄とその針

ウオッカによく合うカルーガ料理

ニヴフにとってカルーガの肉はごちそうである。かれらがもっとも好む食べ方は「タルク」とよばれる料理である。チョウザメの生の肉のかたまりをとにかく細く千切りにする。それをギョウジャニンニクやノビルのような香りの強い野草を刻んだものと和《あ》え、塩とコショウあるいは辛みのある野草で味つけして食べる。

つまり日本のアジやサンマのたたきと同じような料理だった。今でもカルーガの肉が手に入るとこの料理をつくる。ただし、和える野菜はタマネギやニンニク、青ネギに変わっている。

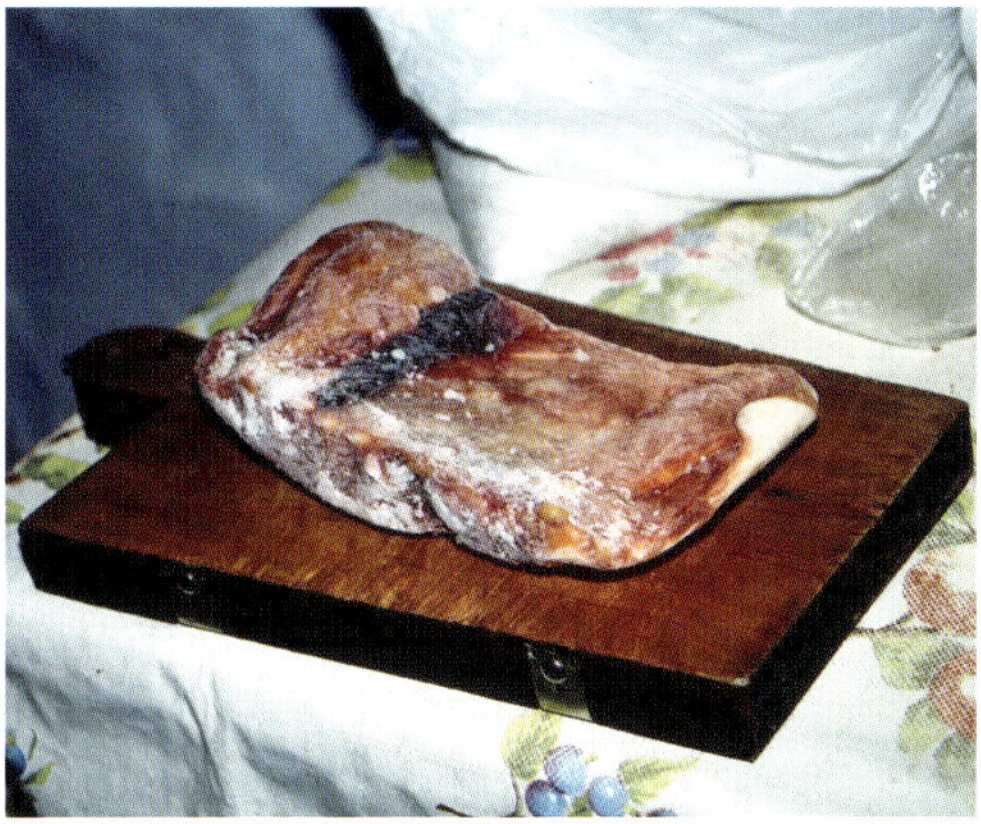

カルーガの肉のかたまり

生のチョウザメの肉は基本的に白身魚の刺身と同じだが、噛むほどに味がしみ出てくる。また、肉のあいだに挟まる軟骨がこりこりとして、ほどよい歯ごたえがある。日本人の我々には醤油《しょうゆ》とわさびがほしいところである。この料理はいつもウオッカと一緒に出される。両者がじつによく合うので、ついつい飲み過ぎてしまう。しかし、今やこのニヴフの名物料理も幻となりつつある。

▲カルーガの千切り料理「タルク」

カルーガの肉を千切りにする

雑魚《ざこ》にして神魚

吉田《よしだ》 睦《あつし》

概説地図（p. 52）

5−5

冷凍保存されているカワカマスをうやうやしく差し出すネネツの牧夫

他の魚と区別されて焚き木の上になかば放置されたカワカマス

めったに食べない魚

ロシアのウラル山脈を東西にまたいだ北極地域には、ネネツという先住少数民族が住んでおり、今そのかれらが内外の注目を浴びている。

トナカイ牧畜民としてロシア、そして世界で、最大勢力を誇っているからである。そのネネツのうち、西シベリア北部のトナカイ遊牧ネネツがわたしの調査対象民族である。一九九五年より調査を続けてきたが、その牧畜民のもとで、意外にも魚に関する奇妙な風習に気づいた。

カワカマスという魚は、ユーラシア大陸から北米大陸にかけては珍しい魚ではない。ネネツにとっても同じである。トナカイ遊牧ネネツは副次的生業として漁撈や狩猟もおこなう。そして自家消費用（一部は売却）に魚を刺網などで年間を通じて捕獲する。ところが、カワカマスは獲れたとしても人間様はめったに食べない。漁獲の多い夏などは、網にかかっても放してしまう。獲り置かれたものは、煮られてたいていは牧犬の餌になる運命だ。

わたしはこれまで延べ六〇軒以上の遊牧ネネツの天幕住居を訪れたが、カワカマスは一度としてふるまわれたためしがない。ただ一度、人間用に調理する光景にぶつかったことがあるが、調理中に隣のキャンプに移動となり、ついに食べずじまいに終わってしまった。そこでは若奥さんが調理していたのであるが、この魚を捌《さば》いたのは一家の若主人であった。カワカマス

カワカマス
【学名：*Esox lucius*】

カワカマス（英名パイク）は、カワカマス科カワカマス属の淡水魚の総称。胴体は細長く、口が鴨の嘴状に上下に扁平であるのが特徴的。このうち本種（キタカワカマスともいう）は、ユーラシア大陸北部や北米大陸に広く分布し、バルト海のような汽水域にも棲息する。（ユーラシア大陸には、ほかにアムールカワカマス *Esox reichardi* がアムール川流域とサハリンの河川に分布するが、日本には棲息しない）。大型の個体は長さ 1 m 以上、重さ 15 kg を超えることもある肉食の魚。

は女性が捌いてはならない魚なのである。さらに男性といえども、この魚はぶつ切りにしか切ってはいけない。他の食用魚（サケ科シロマス属の魚が多い）のように、体に沿って切ることはタブーだ。

それだけではない、女性は生理中、妊娠中などには触れてはいけないという厳格なタブーもある。このタブーは、定住者のあいだでもいまだに守る人が多いという。かつて女性シャーマンは、触れることが常時禁じられていたそうである。

水界を司る霊

カワカマスは、他の棲息地域でも高級魚ではけっしてないが、概して食用魚として通用している（ロシアには缶詰もある）。ところがネネツは餓死する寸前までこの魚を食べない、とまで言われる。そのネネツが「ハンティはこいつを食べるんだ」と嫌悪感をあらわにして言うのを耳にしたことがある。ハンティはネネツより南側のタイガ（針葉樹林帯）の河川沿いを主な居住地としていて、魚食民として知られる。調べてみるとハンティにとってカワカマスは食物として重要な魚なのである。生食（なぜか表面を焚き火で炙る）、冷凍食、加熱調理（煮たり、焼いたりする）とさまざまな調理法がある。カワカマスの天日干しは賓客をもてなすための特別食にすらなる。

食物としてはハンティとネネツのあいだで対照的なカワカマスだが、ときおりハンティの間でも、ネネツと類似の条件下で忌避、禁忌の対象となることがある、ということを知った。ハンティにとってもカワカマスは魚ではなく、ケモノの範疇に入るのだそうだ。ネネツもカワメンタイやシベリアチョウザメとともにこの魚を「真の魚」とよばれる他の一般的な食用魚と区別する。

じつはネネツやハンティの伝承世界においてカワカマスは水界、すなわち死や病を司る地下界の主霊であったり、補助霊であったり、それらの化身として登場することがある。忌避、禁忌の風習は、このような伝承と関係があるに違いない。シベリアの他の諸民族の間でも、この魚に霊性、聖性を見出す例がいくつもある。

ある遊牧ネネツは、「カワカマスは、特定のネネツにとっては神様なんだ」とつぶやいた。カワカマスは淵の深みに棲みつく習性があるが、ネネツにとって、雑魚にして神魚という、そんなカワカマスの存在には、かなり奥深いものがありそうである。

管区都サレハルドの路上市で、正装した遊牧家族の女性の売り手が大型のカワカマスを丁重《ていちょう》に抱える。やはり神性があるのだろうか…

ターゾフスキー集落の博物館に所蔵されている遊牧民ネネツのお守り。どう見てもカワカマス

ロシアで販売されているカワカマスのオイル漬け缶詰のレッテル

6 オセアニア《概説》

オセアニアは、太平洋にはぐくまれる海の世界である。そこに暮らす人びとは二五〇〇万人。もっとも古い文化を伝えるのはオーストラリアのアボリジニである。彼らは五万年以前の更新世末期に、旧石器時代の技術を携えて陸伝いに移動してきた。

約五〇〇〇年前になると、東南アジアなどのアジア大陸方面からモンゴロイド系の人びとが大移動してきた。「太平洋のヴァイキング」とよばれる彼らの移動を可能にしたのは、ダブルカヌーやアウトリガーカヌーなどの帆走カヌーであった。島から島への移住には、数百キロメートル以上におよぶ遠洋航海をなしとげる必要があったが、当時の航海者たちは、羅針盤・六分儀などを使わずに天文・海洋の知識を駆使し、独自の航海術を編みだした。そのすぐれた航海技術は、近年まで、ポリネシア人、ミクロネシア人に継承されていた。海を生活の場とした彼らは、独自の優れた海洋文化を生みだしていった。

この地域は食用となる動植物の種類が少なく、とくに島世界は資源に乏しい。それを補うため、人びとは知恵を働かせてきた。湿地を利用してタロイモやサゴヤシを植え、乾燥地にはヤムイモやパンノキ、ココヤシを栽培して主食とした。また金属器を生みださなかった人びとは、岩石やシャコガイの厚い殻を使って斧（石斧・貝斧）をつくりだし、あらゆる木工をおこなった。またメラネシアで多種の土器を焼き上げ、ミクロネシアではタパ（樹皮布）をつくりだした。

宗教的世界観は、ヤムイモの収穫や魚の豊漁祈願など生活のあらゆる面にわたっておこなわれるさまざまな儀礼的いとなみとして体現される。儀礼対象となる仮面や神像は、民族芸術的にすぐれた価値をもつものが多い。また超自然霊と交流し、霊的な力を得るために、飲食・性交・会話にかかわるタブーの遵守、ブタの供儀、身体装飾などがおこなわれる。

近代の植民地化により、伝統文化ははなはだしく喪失したが、独立をはたし、自文化を見直す動きも起きている。

仮面（ニューギニア・セピック川流域）：藤製。人間が入り、人びとの前に祖先の化身として出現し、神話的世界との交流役をはたす

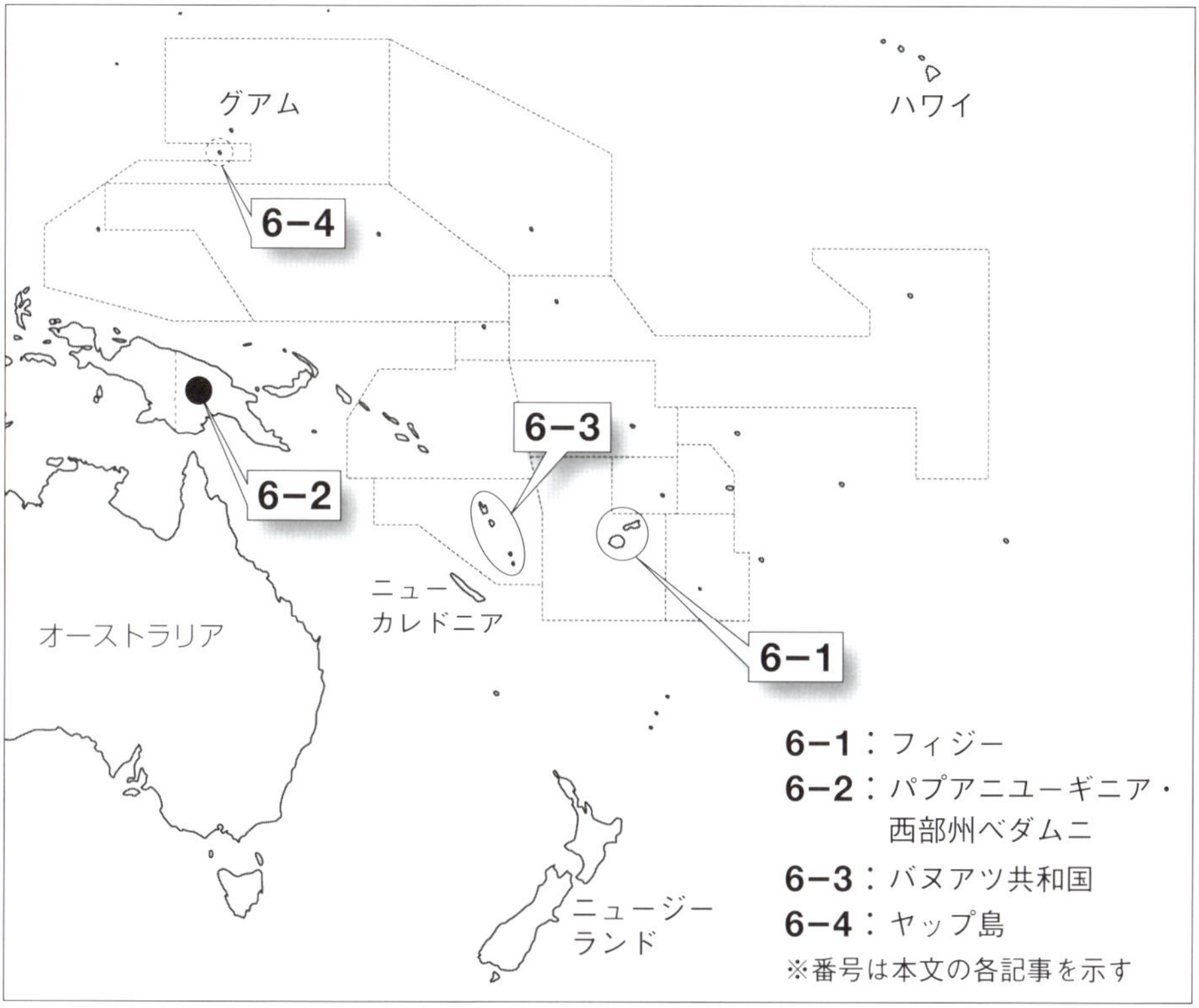

チェチェメニ号（ミクロネシア・サタワル島）：島々の間の航海や漁に使うアウトリガーカヌー（椀木を張りだした船）。船体はくりぬきの船底に舷側板《げんそくばん》と船首、船尾を接合してある。六人の乗員で五ノットのスピードをだす。一九七五年、サタワル島から沖縄の海洋博覧会会場まで、三〇〇〇キロメートルの航海を成功させた

イモを見分ける

菊澤《きくさわ》 律子《りつこ》

概説地図（p. 64）
6−1

タロイモづくりは男の仕事

現地調査も何度目かになったフィジーのワイレブ村。わたしがタロイモのことを知りたがっていると聞いて、男性たちがサンプルを家までもってきてくれることになった。

フィジーでは伝統的に男性と女性の役割分担がはっきりしている。畑仕事は男性の仕事で、タロイモの耕作もしかり。女性は近場の畑へ出かけはしても、その日の料理に使う食材を集めるのが目的。せいぜい下草刈りくらいで、男性のようにイモの苗を植え付けたり、逆にひっこぬいて収穫したり、というような仕事はしない。加えて公の場では夫婦でも男女一緒には出歩かないという土地柄、日本から来た女性客を男性陣のなかに放りこみ何キロメートルも離れたタロイモ畑まで歩かせるなんてとんでもない。というわけで、今回は自分の足は使わないお姫様のフィールドワークになってしまった。

それにしても、でてくるわ、でてくるわ、次から次へともちこまれる、ぜーんぶ違う種類だというタロイモ（わたしには全部同じに見えるけど……）。家の前に順に並べて、葉全体、葉柄、そして全体図、と写真に収め、ノートに名前とそれぞれの特徴を言われるままに書きこむ。女性たちは男性ほどタロイモのことを知らないらしく、わたしのノートをのぞきこんでは「えっ、それもタロイモの名前なの」などと、感心することしきり。

水田での灌漑栽培もある。整備が終わり，植え付けがはじまったころのタロイモ水田の風景

並べれば違いがわかるかな?

畑からタロイモを持ち帰ってきた村のおじさん。ここではタロイモ耕作は男の仕事

タロイモ
【学名：*Colocasia esculenta*】

サトイモ科サトイモ属。日本の「サトイモ」と同種。太平洋の多くの地域で主要栽培植物のひとつとなっており、さまざまな変種がみられるが、近年では特に早生種などの品種改良もさかんである。原産地はインドで、マレー半島などを経て太平洋全域に広がったと考えられている。

それにしても畑も見ずにタロイモ調査なんて。そこで言ってみた。「あのー、実際に生えているところを見た方がよくわかるんですけど」。ああそうか、とにっこり笑った村のおじさん、タロイモ・サンプルを花束のように束ねてもち、そのままじっと待っていてくれる。確かにそういうふうに生えるよね。でもちょっと違うんだけどなぁ。長旅の末に到着したタロイモは、こうして立てるとしなびてぐったりしているのが一段とあからさま。仕方がない、おじさんに謝意を示すために、そのままで一枚、「ハイ、チーズ」

男女で異なるタロイモの分類

現地調査では、いろいろなタロイモがどんな風に分類されているかを知ることも大切だ。分類の仕方にはいくつかあり、男性と女性で多少違う。女性はオーソドックスな「真タロ」、「古いタロ」、そして「新しいタロ」の三種類。農業試験場から最近導入されたものはもちろん全部、新しいタロだ。男性の方はこの分類とは別に、タロイモの形状に基づいた分類も使うという。「長いタロ」と「ヤツガシラ・タロ」。「長いタロは、親イモが大きくて長く、そのまわりにコイモがたくさんつく。ヤツガシラ・タロは、親イモの一部がどんどん分岐して太っていくんだ。形を見たら違いは明らかだよ、もちろん収穫の仕方も違うんだけどね」。

ところが普段タロイモと馴染みのない生活をおくっているわたしには、言葉でいくら説明してもらっても、この分け方がよく理解できない。業を煮やした男性の一人がとうとう、さらなる見本をとりに走ってくれた。そして、ほらね、と手渡されたタロイモは確か、長いタロのはずだけど……「ちょっと待って。これって違うみたい」。

そんなことあるものか、と言いながらあらためて運びこまれたサンプルを見た現地の男性たちもびっくり。いわれてみたら確かに形は「ヤツガシラ・タロ」だ。でも収穫の仕方は「長いタロ」だよ。

男性側の分類がその後一部修正されることになったのかどうか、それ以来ワイレブ村にもどっていないわたしには残念ながらわからない。

▲ヤツガシラ・タイプのタロは、太い葉枝（写真上部）とまわりに育つ新芽の間に足をいれてひっぱると、育ったタロだけが収穫でき新芽はそのまま地中に残る

▲村の近くの畑には女性もよく下草刈りや食材集めにでかける。タロイモの葉は現地では大切な食材のひとつ

▶「長いタロ」のはずが？ 親イモ（下に細く突き出している部分）の上に二つ、新しいイモが育っている

食卓にのったゆでたタロイモ。主食なので、米飯同様、味つけはしない

ブタなくして、暮らしなし

林《はやし》　勲男《いさお》

概説地図（p. 64）
6−2

森のブタ、人のブタ

　調査地でのある日の午後、村の広場に面した木陰で、若者たちから木材伐採会社で働いていたときの話を聞いていた。太陽はもうだいぶ西に傾き、畑仕事にでていた者たちのほとんどが村に帰ってきていた。各家の前庭にもうけた炉で、夕食のバナナを焼く煙がいく筋か立ちのぼっている。

　突如、川をはさんだ反対側の斜面のほうから、男の叫び声が聞こえた。一緒にいた数名の若者も含め、村にいた男たちは、それぞれ手に弓矢を持って声のした斜面へと走っていった。取り残されたわたしに、ある少年が「ブタだよ。みんな、ブタを捕まえにいったんだ」と教えてくれた。夕闇がせまるころ、男たちは丸太にくくりつけたブタを担いで帰ってきた。大きなオスのブタであった。弓矢で射倒し、最後は棍棒で額を一撃してしとめたそうだ。その日のわたしの夕食メニューは、ほぼ二か月ぶりのブタ肉ステーキへと変更された。

　ニューギニアの中央高地に暮らす諸民族では、儀礼に数多くのブタを殺し、その肉の分配が社会関係の形成や問題解消に深くかかわっていることが知られている。しかし、ニューギニア全域で、儀礼のたびに多くのブタを殺すわけでは決してない。わたしの調査地のひとつ、西部州の熱帯雨林に暮らすベダムニの人びとは、中央高地に比較すると、所有するブタの数ははるかに少なく、当然、儀礼でほふり、その肉を分配するブタの数もさほど多くはない。とはいえ、ニューギニアのほかの民族と同様に、ベダムニにとってもブタはタンパク源として重要な食料であるばかりか、人間同士の関係においても、さらには儀礼の宗教的な側面でも重要な意味を担っている。

ニューギニアの黒ブタ【撮影：豊田由貴夫】

　じつは、牛も現地ではキリスト教宣教師によって飼育されている。その牛はときどき村人に払い下げられ、飼い主が現金を必要とするときには、ほふって肉を売ることはあるが、牛肉がブタ肉に取って代わることはありえない。つまり、牛肉のやりとりは多少の貸借関係をつくることはあっても、ブタ肉の代用とされることは決してないし、食料としての価値以外はほとんどもちえないといえる。儀礼に際して、ほふり、肉を分配するブタは飼育されたブタであり、野生のブタを用いることは決してしない。しかし、そうしたブタを「家畜」とよぶのはむずかしい。

子ブタはペットのように大事にされ、夜は家の中で寝る

ブ　タ
【学名：*Sus scrofa domesticus*】

ニューギニア島は、かつてはオーストラリアと陸続きでサフル大陸を形成していた。したがって有袋類をはじめ脊椎動物の大部分は、オーストラリアのものときわめて近い。それにもかかわらず、オーストラリアには野生のブタは生息しない。パプアニューギニアで発掘された最も古いブタの骨は、約１万年前のものである。海面の上昇によって、ニューギニア島がオーストラリアから分かれた後に、東南アジア方面から渡ってきた人びとが連れてきて、やがてそれが野生化したと考えられている。

森で育てる

子ブタを連れた野性のメス・ブタをしとめた場合、その子ブタを連れ帰って飼育する。また幼いあいだは、家の中で人間や飼い犬と一緒に生活する。飼い主に名前をよばれると、そのもとへ走っていく姿はペットのようである。生後半年から一年を過ぎたころから、外で柵に入れられる。ときには地面を掘ったり、柵を壊したりして森に逃げ出してしまうこともあるが、そう遠くまで行ってしまうことはないので、エサを持って名前をよびながら探し回ると、ほとんど見つかる。野生ではなく、所有者がいるブタであることを示すため、耳の一部を切ったり、鼻輪を付けたりする。さらに大きくなると、森に放し飼いとなる。このときもエサを与える場所が決まっている。エサを持って名前をよんだとき、自分の飼うブタが野生ブタとつがいとなっていたり、子ブタを連れて現れればもうけものである。

自分のブタが何日も行方不明となってしまい、人手を借りて森のなかを捜し回らなければならないこともある。人間が見つけ出せないときには、霊媒に頼んで交霊会を開き、森での出来事を熟知している自然界の霊の知らせにたよる場合もある。運悪くすると、野生ブタと間違えられて、他人にしとめられてしまうことも起こりうる。そんなことになれば、争いは当事者同士だけではなく、大勢の利害関係者を巻き込み、問題の解決には多くの時間を要することになる。幸いなことに、わたしのステーキとなったのは野生のブタであった。

ブタの脂身と成人儀礼

ベダニムのあいだでは男子の成人儀礼がもっとも多くの人びとを集め、大量の食糧を消費する重要なイベントである。儀礼の期間は数か月にもわたり、その間に祝宴が二度か三度設けられる。そのクライマックスは、客を招いての三日間続く祝宴である。

一日目の夜は、翌日に分配するブタ肉について、それぞれのブタの所有者が、部位とその受取人を宣言することから始まる。ほふられるブタの頭数は、儀礼を受ける若者の数か、それを少し上回るほどである。ブタは、頭と前脚、下あごから胸部、後脚、肋骨と背、の四つに分割されて、料理されたあと、そのほとんどは母方親族、姻族などの、通婚関係にある氏族集団のメンバーに贈られることになる。息子の将来の嫁を期待して贈ることや、父親が受け取ったのと同じブタ肉の部位を返済することもある。

二日目の早朝、朝露のなかで、檻に入れられたブタは、その持ち主によって弓矢で射殺される。ブタたちの苦痛の悲鳴がしばし続く。村の広場のあちこちに薪が積みあげられ、それに火がはいると、たくさんの石をそこに乗せて焼く。殺したばかりのブタの体毛はこの火で焼き落とす。

ブタの解体は、それまでブタが入れられていた檻の上でおこなわれる。その後、肉は分配にそなえて料理される。といってもバナナの葉に包んで石蒸しにしたり、肉の表面を火にあぶるだけのことである。ブタの脂身の小片を燃やし、過去に死んだ子どもたちの霊に供せられる。子どもの霊はブタ肉を食べたがって集まってくるのだという。脂身は死んだ霊が好むだけではなく、人びとにとってももっとも高い価値がある部分とされる。脂身が少ないブタは、たんなる肉に過ぎない。脂身は多産や成長といった観念と結びついているのである。

ちなみに、成人儀礼を受ける主役の若者たちは、このようにして解体され料理されるブタに近づいてはならないし、食べることも禁じられている。脂身などもってのほかなのだ。まだ儀礼の過程にあるかれらが、ブタに触れたり食べたりすると、成長に障害をきたしたり、病気になると考えられているのである。

体毛を焼き払って、解体しやすくする

タブーの島のトビウオ漁

竹川《たけかわ》 大介《だいすけ》

概説地図（p. 64）
6−3

隆起珊瑚礁の崖にかこまれたフツナ島

大型回遊魚を連れてくる

南の島というと、常夏のイメージを思い浮かべる人が多いだろう。しかし実際には、赤道から離れるにしたがい島々に周期的な気候の変化があらわれ、作物や海産物にもそれぞれの旬が生じる。

南太平洋バヌアツ共和国の南部にフツナ島という小さな島がある。直径わずか四キロメートル、しかし標高が六六六メートルもあるプリン型をしたこの隆起珊瑚礁の島は、もっとも近い隣島から九〇キロメートルもはなれた濃紺の外洋に浮かんでいる。想像できるだろうか、そんな島に数百人あまりの人びとが、少なくとも六〇〇年以上も前から生活してきたのである。

この島の暮らしにとって欠かすことができない海洋資源が、季節的に島を訪れるトビウオたちである。八月から翌年の一月にかけてトビウオは島の風下に集まってくる。村の男たちは、月のない夜にカヌーの上から明かりを使って、トビウオをおびき寄せ、タモ網で捕獲する。

トビウオの群れはマグロやサワラ、シイラ、カマスなどの大型回遊魚を連れてくる。三時間ほどのトビウオ漁が終わると、朝方まで大型回遊魚釣りが続けられる。ラマガとよばれるこの漁は、数ある漁法のなかでももっとも重要なものとされ、多くのタブーによって成り立っている。

そうタブー、つまり禁忌《きんき》である。そもそもタブーということばはポリネシア語に由来する。ポリネシア文化の影響を受けたフツナ島にも、生活の端々までさまざまなタブーが張りめぐらされている。

タモ網とランプをのせトビウオ漁に出るカヌー

トビウオ
【学名：*Exocoetidae*】

捕食者である大型回遊魚から逃れる際に海面を滑空することからこの名がある。日本では沖縄列島から、太平洋の黒潮流域、日本海の対馬海流域の沿岸部を回遊する。刺網や定置網によって群れ単位で大量に捕獲されることが多く、各地で干物などの保存食やダシとして利用されている。またトビウオの特産地である屋久島では、伝統的なトビウオ招きの儀礼がある。フツナ島ではハマトビウオ属（Cypselurus spp.）の７種のトビウオが確認された。

滑空するトビウオ

たとえば、ラマガの期間、漁に出かける男たちは浜で寝起きをともにしなければならない。またこの時期の魚は農作物と相性が悪い。とくにヤムイモとタロイモは精霊の力を多く宿している重要な食料とされ、漁のときに海にもって行ってはならないし、漁に出る人は焼畑づくりにすら参加できない。

ラマガの主要捕獲対象であるマグロやサワラの仲間は「男の魚」とよばれ、とりわけ丁重にあつかわれる。魚は浜でウロコを取ることすら許されず、大きかろうが重かろうが、かならず丸のまま村に持ち帰られる。

さらに不思議なことに、漁に出る男たちはこの「男の魚」を食べてはならないのである。「男の魚」は老人や子ども、そして漁に出ない女たちのための食料なのだ。

エコロジーよりタブー

ところで、わたしは大学院生のころに台湾の南東沖にある蘭嶼《らんゆい》に滞在したことがある。蘭嶼もまたトビウオ漁が有名な島で、カヌーを使った魚灯漁をおこない、トビウオを餌に大型回遊魚を捕獲し、そして男女によって異なる魚の食物禁忌があった。

七五〇〇キロメートルも離れた二つの小島で、トビウオにまつわるとてもよく似た文化が守られている。これが偶然なのか、はたまた同じ太平洋文化の流れをくむものなのか、興味は尽きない。

蘭嶼は北緯二二度、フツナ島は南緯一九度、最初に述べたように、年間をとおして周期的な季節変化が見られる地域である。

フツナの人びとは、雨期と乾期をつかさどる精霊が半年ごとに海と島を行き来すると語る。精霊は乾期に海の魚を繁殖させ、雨期には畑に豊饒をもたらす。もしその循環が乱れると、島に暮らす人びとには死活問題となる。

トビウオの群れは季節周期の象徴である。彼らはタブーということばを用いて、人知を超えた自然のサイクルを畏れ敬ってきた。かたやわたしたちは、地球レベルの気候変化にすら鈍感になってしまったようだ。現代人に必要なのはエコロジーよりタブーなのかもしれない。

トビウオの束をもつ娘

マグロは村に運ぶまで切ったり地面につけたりしてはいけない

美味なるかな、カメの甲羅焼き

小林《こばやし》 繁樹《しげき》

概説地図（p. 64）

6−4

豪快に下ごしらえ

　タマッグさんの家の波止場付近がにぎやかになった。カメを意味するウェルという現地語に混じって、「カメサン、カメサン」とか「オッパイ、オッパイ」ともとれる言葉も聞こえてくる。駆けつけてみると、砂地にウミガメが裏返しにされて四肢をばたつかせている。タマッグさんが町からの帰りに見つけて、捕まえたのだという。背甲の長さは七、八〇センチメートルほどあろうか、なかなか大きい。アオウミガメだろう。

　ここはミクロネシアのヤップ島。住民の主食は田畑で栽培するタロイモやヤムイモなどのイモ類と、海で獲る魚である。かつて男性は魚獲りに熱中した。しかし人口減少から集団漁は姿を消し、今や家族単位で小魚を数匹獲れば十分といった具合である。自然保護の観点からみれば結構なことではあるが、これが毎日続くと、たまには違う味もほしくなる。そんな時のウミガメだった。ヤップの人たちにとっても大好物である。

　カメ料理は予想もしない展開で始まった。仰向けのまま頭を岩にのせ、まず斧の背で首を打ちつけて息の根をとめる。そして包丁で首を切り開き、あいたのど元から手を突っ込んで腸を引き出し始めたのである。なんとも楽しげな顔をしながら、シルメッドさんは解体を進める。手を二の腕まで差し込んで、なかで何やら動かしている。腸は何メートルも出たようだ。レモンを三個ほど半割にして、のど元から体内に入れる。調味料なのだという。そしてココヤシの葉の芯を糸にして傷口を縫いあげる。この間、ほかの一人は腸を海水でよく洗って内容物を取り出し、ボールに入れてレモン汁をかけて下ごしらえする。これはアルミ鍋で煮て食べる。

砂浜のごちそう

　一人がヤシの実の殻をスコップ代わりにして砂を掘り始める。長軸八〇センチメートルほどの楕円形である。

　まさか！

　すると想像どおりに、シルメッドさんがカメを仰向けのまま穴に入れ、納《おさ》まりを調整し始めた。カメはもうピクリともしない。タマッグさんが火をおこし、カメの腹の上にヤシの繊維が燃料として積まれ、火が移された。カメの甲羅《こうら》が、いわばそのまま鍋となり、おなかの上でたき火が始まったのである。驚いたことにカメはまだ生きていて、四肢を動かす。するとシルメットさんはおもむろに両肢をヤシ繊維で縛りあげてしまった。なんともユニークな調理方法である。小一時間もしただろうか。たき火は燃え落ち、おなかは灰だらけとなった。これをヤシの葉でていねいに払い、穴から取り出す。腹の甲は簡単にはがれ、なかからすっかり煮えた肉が現れる。肉塊を取り出し、背甲についている肉もこそげおとし、底にたまっている血や肉汁もしっかり汲み取ってボールに入れる。

　前肢を支える胸の筋肉はとくに大きく、しまっている。適当な固さがあって、味は淡白で鶏肉のようでもある。魚とは違って、またおいしい。肉をほおばる皆の顔も輝いている。この胸筋を取り上げたとき、日本語が上手なワーヤ

アオウミガメ
【学名：*Chelonia mydas*】

カメ目ウミガメ科。甲長 70〜150 cm、体重は 65〜300 kg に達する。世界の熱帯から亜熱帯の海域に分布する。成体は緑がかった茶色か黒で、マングローブの根や葉、海草を食べる。肉はウミガメのなかではもっともおいしいとされ、オセアニア各地では重要なタンパク源となっている。産卵のため砂浜に向かう習性をもつが、遠く 1,000 km も離れた海岸まで泳ぐこともある。多産で、1 回に 100 個以上の卵を産む。絶滅が危惧され、保護対策がとられている。

ンさんが私を見てうれしそうに叫んだ。

「コバヤシさん。オッパイ、オッパイ！」

オッパイはやはり日本語であったのだ。

▲のど元から手を入れて、腸を引き出す

▲捕まえたアオウミガメは逃げないように、甲羅を下にしてひっくり返しておく

▲十分に焼けたら、煮えた肉を取り出す

▲腹の上で、たき火を始める

ふだんの魚獲り風景

背についた肉までこそげて食べる

7 東南アジア《概説》

東南アジアには、共通の文化的基盤がある。稲作とそれに基づく複合文化である。また、これらの基盤となった陸地の横には陸の世界に匹敵する大きな海が存在し、漁撈だけではなく、東西交易の中心として、国境や民族をこえた経済圏をもたらした。

インドと中国の間に位置しており両地域から多くの影響がある一方で、水田耕作をおこなう陸の諸地域、山地で焼畑耕作をおこなう諸民族、島々の国家などがそれぞれ、豊かな文化と特徴的な儀礼の花を開かせてきた。

東南アジアは、ほとんどの地域が亜熱帯と熱帯地域に属している。生活環境としてきびしい面もある一方、イネやヤシ、竹、コショウなどの植物に適している。なかでも稲は重要で大多数の人びとは米を主食としている。多くの地域ではうるち米を炊いて食べているが、ベトナム北西部、タイ北部のように蒸したモチ米（強飯）を食べる地域もある。また熱帯の香辛料も料理にはふんだんに使われている。

穀倉（トラジャ。スラウェシ島・インドネシア）：穀倉は籾を貯蔵する倉庫であり、また、稲の霊の安息所でもある。トラジャの神話や儀礼において重要な意味をもつ水牛、ニワトリ、太陽などの彫刻がほどこされている

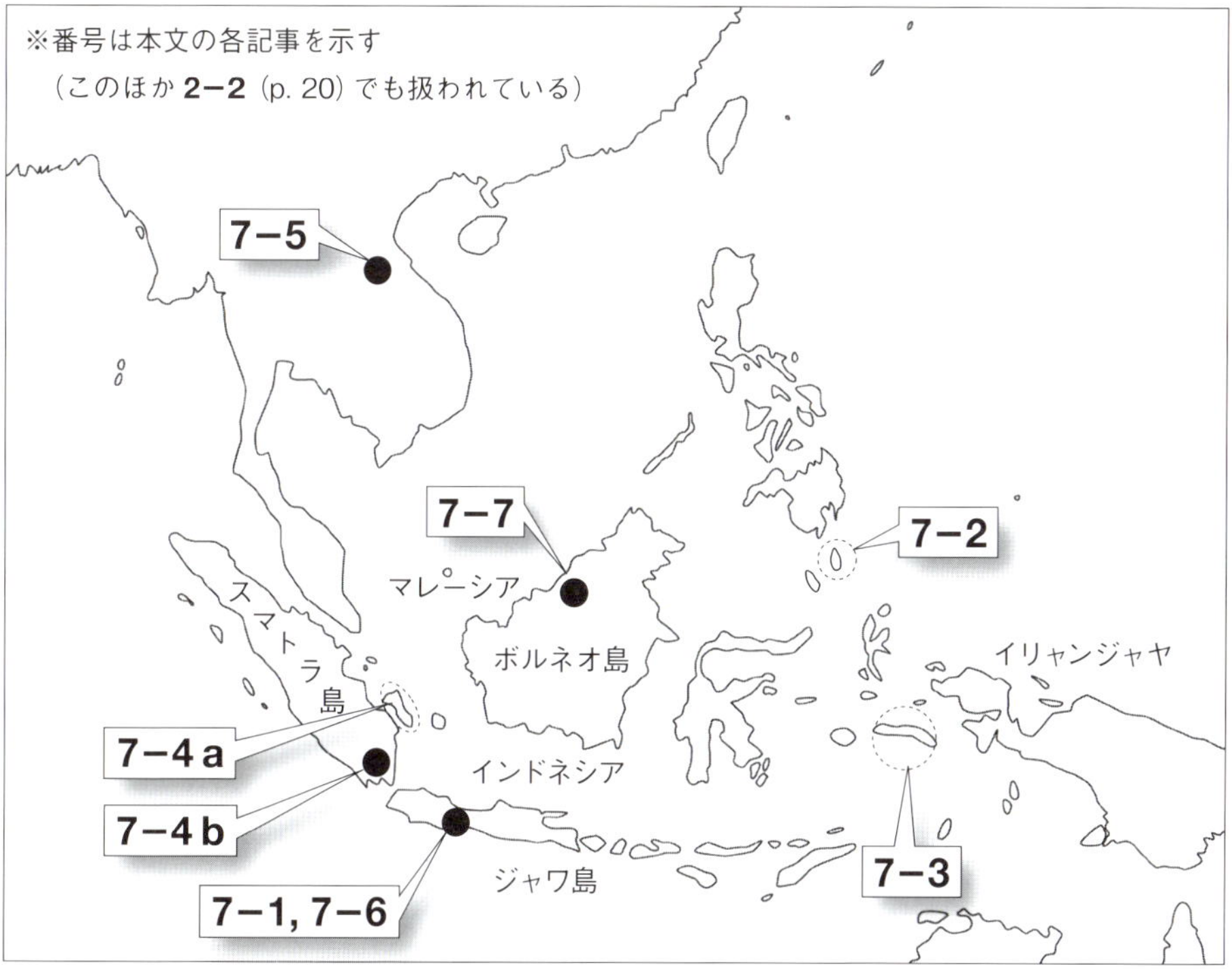

7−1　：インドネシア・西ジャワ・
7−6　：スンダ人
7−2　：インドネシア・タラウド諸島
7−3　：インドネシア・セラム島
7−4 a：インドネシア・バンカ島
7−4 b：インドネシア・ランプン州
7−5　：ラオス
7−7　：マレーシア・サラワク州

水上集落（マレーシア・ボルネオ島北西岸）：マレー半島からインドネシア、フィリピン南部にいたる海岸部には、家船を住まいとして、漁撈や小規模の交易をおこなうバジャウ（サマ）などの民族がいる。彼らはマレー語でオラン・ラウト（海の人）とよばれ、根拠地をさだめ、一定の範囲内を移動しながら海上生活をおくっている。近年では、しだいに一ヵ所に定住する漁撈民に変化しつつあり、波の穏やかな海岸や河口を選んで杭上《こうじょう》家屋をたて、家々をつなぐ歩廊をめぐらして水上集落を形成している

村の救世主サトウヤシ

原田《はらだ》 一宏《かずひろ》

概説地図（p. 74）
7−1

山の斜面に広がる見事な棚田と畑には、サトウヤシが自生している

樹液から砂糖を精製

インドネシア・西ジャワに位置するスンダ人の村はうっそうとした森林に囲まれ、水田の畦《あぜ》や畑にはサトウヤシが生えている。スンダ人は、周囲に自生する多くの植物をじつにうまく暮らしに役立てているが、なかでもサトウヤシは、村人にとってなくてはならない植物である。とくに、花柄から出る樹液は、グラメラとよばれる砂糖の原料として大切にされている。

村では、サトウヤシをたたくリズミカルな音が、朝夕響きわたる。村人が花柄の根元を、一週間に一回たたいて刺激しているのだ。その後、村人は、花柄の先端を切り落とし、三日間ほど放置しておく。するとその先端から樹液が流れ出てくる。それを長さ一メートルほどのロドンとよばれる竹筒のなかに受けて、たまった樹液を毎朝回収する。樹液を大きなべに入れて火にかけ煮詰めた後、容器に流し込んで固めれば、砂糖のできあがりである。

砂糖のかたまりは口に入れると、ぼろぼろと崩れ、舌ざわりは少々粗いものの、控えめな甘さが口のなかにひろがる。もっとも、村ではあまり食されず、貴重な現金収入源となっている。この砂糖は、甘辛いアシナンといわれる漬物など、都市によくみられる料理の材料として欠かせない。そのため、市場で出回っている白砂糖に取って代わられることはなく、いまだに重宝がられている。

実をつけたサトウヤシ

サトウヤシ
【学名：*Arenga pinnata*】

ジャワではアレン（Aren）またはカウン（Kawung）とよばれ、東南アジア全域に広く分布。低地から標高 1,000 m にかけての二次林や農地に自生する。樹高は 10 m 以上で、幹の太さは 50 cm 前後の雌雄同株の植物である。サトウヤシは多目的に利用される。根は強壮剤や産後の薬の原料になる。葉柄は家の屋根葺き材として、10 年以上ものあいだ、村人を雨風から守り続ける。葉はタバコに、果実は食用として用いられる。樹液は砂糖の原料として利用される以外に、取れたての樹液はジュースとして、木の幹に吊りさげられた容器のなかで自然発酵した樹液は、ヤシ酒として飲まれる。

村おこしと森林保全を両立

村人は自分の農地にサトウヤシがあるかどうかは自然任せで、意図的に植えようとはしていない。村人一人あたりの農地には、自生したサトウヤシが、一本から、せいぜい五本ほどあるだけだ。村の慣習では、他人の畑にある雑草や樹木は勝手に取ってもよいことになっているが、サトウヤシではそれが許されない。一方で、水田の利用者は収穫した稲をすべて自分のものにできるが、畦に生えているサトウヤシから精製された砂糖は、所有者と利用者のあいだで折半しなければならない。村人にとって、サトウヤシはそれほど貴重なものなのだ。

近年、地元の研究者やNGOが、このサトウヤシを使って、村おこしと森林保全を両立しようとしている。研究者は、村人に苗を配って村人が苗を植える活動を支援し、NGOの人びとは、精製した砂糖を海外で販売する支援をしている。両者ともに、このような活動を通じて、村人の現金収入が増加すると同時に、それによって、かれらの森林への依存が減り、村の周りの森林破壊が食い止められることを願っている。村の人びとの現金獲得と村を越えた地球環境保全とが、同時に実現できる新たな試みが始まっている。

▲高いサトウヤシに登って、棒で丁寧に花柄の根元をたたく

透明な樹液は、6時間ほど煮立てると、赤茶色のどろどろした液体になる

▶竹筒の樹液を鍋に入れる【撮影：ムルヤティ・ラハユ】

精製された砂糖は、ラタンの葉で丁寧に包まれ、市場で売られる【撮影：ムルヤティ・ラハユ】

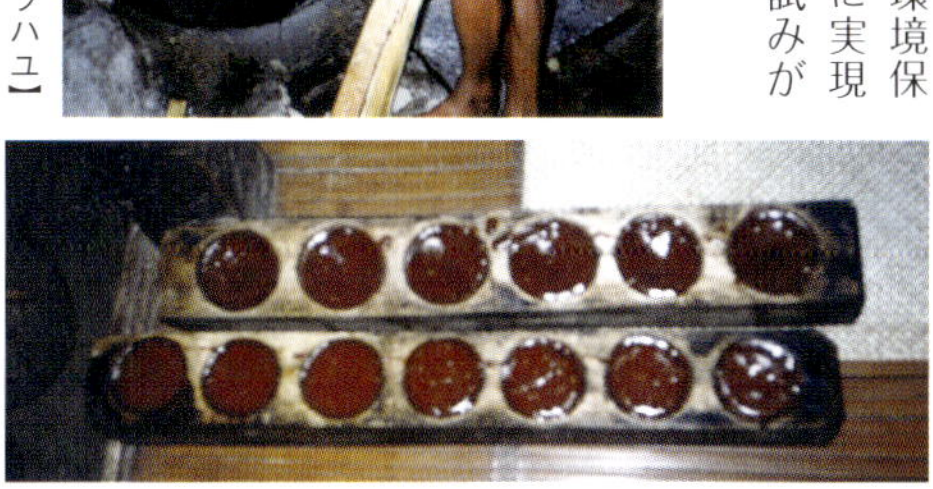
▲半球状にくりぬかれた容器ダンバック・モニョンに入れられた砂糖の液体【撮影：ムルヤティ・ラハユ】

大衆魚のムロアジ

小野《おの》 林太郎《りんたろう》

概説地図（p. 74）
7−2

食卓を飾る代表選手

その日も、Dさんの家の食卓に並んだのは焼きムロアジだった。これにトマトとチリ、お酢を混ぜたソースをつければさらに食が進む。わたしは夢中で数匹を一気に食べ終え、そういえば昨日のおかずもムロアジだったことを思い出した。東インドネシアのセレベス海。そのまっただなかに浮かぶタラウド諸島では、ムロアジはまさに食卓を飾る代表選手だった。わたしたちの食後に残ったムロアジの小骨は、他の残飯とともに家の周りで飼育されているブタやイヌたちの餌となる。こうして陸にあがったムロアジは、そのすべてを食べつくされ、跡形もなく消える。それが、この島の遺跡群からムロアジなどの小型の魚たちが一向に出土してこない理由なのかもしれない。

ルンポン漁に参加する老夫婦とアウトリガー船

　それにしても、なぜこの島ではムロアジがこれほど多く食べられているのか？　ムロアジを獲るには、広い海を泳ぎまわる魚の群れを追いかけなくてはならない。それには多大な労力がかかるし、群れを見つけられずに失敗することもある。ところが、この島ではムロアジが流木に集まる習性を利用し、筏のような浮きをしかけ、ムロアジをおびき出して獲っていた。その漁は、使用される筏の呼び名からルンポン漁とよばれる。わたしは、Dさんに頼み、早速そのルンポン漁に参加させてもらうことにした。

伝統的なルンポン漁

陽も傾きかけた午後四時ごろが出漁のときだった。木造の漁船には、わたしのほかに一三

ムロアジ
【学名：*Decapterus muroadsi*】

アジ科ムロアジ属の一種で、全世界の暖海域に分布し、沿岸や島まわりに生息する。タラウド諸島ではマラルギスとよばれ、親しまれている。ムロアジの仲間は、インドネシア語ではラヤンとよばれ、もっとも頻繁に食べられる大衆魚として有名な魚でもある。一般的には鮮魚よりも塩乾魚として利用されることが多かったが、冷凍施設の発達した近年では、日本を含む諸外国にも多く輸出される。

人の漁師たちが乗り込んだ。一方、小さなアウトリガー船に乗り込んだ老夫婦は、翌朝までルンポンの周りでランプを照らすのが役目らしい。こうすることで、より多くの魚が集まるという。一時間ほどで沖に出ると、船長はエンジンを停止させた。ここが今回の漁場となるようだ。早速、船員たちがルンポンを設置し終えると、わたしたちを乗せた船は、荒い波に揺られながら外洋を一晩中漂った。

午前四時過ぎ。闇がほんの少し薄れだしたときが勝負だった。船はルンポンの周りを旋回し、船員たちは全力で網を海へと投げ入れる。やがて網が完全に魚の群れを包囲すると、一斉に引き揚げられ、無数のムロアジが甲板の上に叩き出された。この日は大漁で、一回の水揚げで船一杯のムロアジが獲れた。網を全て引き揚げると、船はすぐに帰路につく。めざす浜には魚を待つ島民の姿がちらほらと見えてきた。船長は意気揚々とホラ貝を出し、浜に向かって吹き始める。これが大漁を知らせる合図のようだ。

浜で待っていたのは女性たちだった。水揚げされたムロアジは、彼女らによって買いとられ、自宅で利用されるほか、村内や町の市場で売られる。こうしてムロアジは島内中に供給され、食卓には毎日のようにムロアジが並ぶのである。とはいえ、動力船による大規模なルンポン漁が開始されたのは、たかだか一九六〇年代以降にすぎない。ただし、ムロアジを狙ったルンポン漁そのものは、昔からある伝統漁撈だとDさんは語る。

タラウド諸島の先史遺跡からはまだムロアジの骨は出土していない。しかし、ムロアジをめぐる人びとの姿を見ていると、ムロアジがはるか古代よりタラウド諸島の人びとに親しまれ、愛されてきた風景をつい思い浮かべてしまう。

ルンポン漁に出漁する漁師たち

ルンポンを設置する様子

ムロアジ漁の風景

塩加工されたムロアジ

猟がうみだす森のかく乱環境

笹岡《ささおか》 正俊《まさとし》

概説地図（p. 74）
7−3

インドネシア東部マルク諸島の中心に浮かぶセラム島。この島の中部山岳地帯には熱帯林に埋もれるようにいくつもの山村が点在している。そこには、樹の上を住みかとする有袋類、クスクスを常食とする人びとが暮らしている。

中央セラムのある内陸山村でおこなった筆者の調査によると、村びとが採取・捕獲している動物性資源の約半分（たんぱく質量換算）をハイイロクスクス（以下、クスクス）が占めていた。ほぼ純粋なでんぷん質からなるサゴを主食とする山地民にとって、クスクスは生計維持上欠くことのできない重要な食料なのである。

深い森に囲まれた中央セラムの一山村

猟を支える「在来知」

クスクスは、多くの場合、籐《とう》でつくられた「ソヘ」とよばれる輪罠《わな》で捕獲されている。クスクスは夜、枝をつたって樹から樹へと移動する。クスクスのとおり道は「シラニ」とよばれる。山地民は森を歩きながら、クスクスの食べた跡、糞、小便の匂い、そして樹冠部の枝や葉の形状などを手がかりに、「シラニ」がどのあたりにあるかを見極める。

セラム島では、クスクスは、フトモモ科シジギウム属、バラ科プルヌス属、ツバキ科ゴルドニア属をはじめとして多様な植物の実や、さまざまな樹木の葉を食べる。また、イチジク属などの樹木の樹液を好んでなめる。

以上の餌となる木のほかにも、糞を見つけたり、尿の臭いをかいだりすると、山地民はその林の上のほうを注意深く眺め、コケなどが付着していないきれいな枝や、展開方向とは逆向きに反り返った葉や葉柄の折れた葉がないか探す。そのような枝は普段クスクスが「シラニ」として利用している枝である。

ハイイロクスクス
【学名：*Phalanger orientalis*】

ハイイロクスクスは、マルク諸島（セラム島、ブル島、ケイ諸島、アンボン・レアセ諸島）、ティモール島、ソロモン諸島、ヤペン島（西パプア北部）、ビスマルク諸島などの標高 1,600 m 程度までの熱帯林に分布している。体長は 28〜42 cm。セラム島では、さまざまな木の若葉やなどの実を食べる。文献では、年に一度、6 月から 11 月にかけて平均 2 頭の子どもを産むと報告されているが、その生態についてはまだはっきりとわかっていないことも多い。肉は少しにおいにクセがあるが、鶏肉に似ていておいしい。

かれらとともに森を歩いていると、クスクスの餌となる多種多様な植物種に関する知識や、クスクスが葉や実を食べた痕跡やクスクスの糞などを見逃さない細やかな観察力に驚かされる。特に「シラニ」の特定は、山地民でなければおそらく不可能といってよいものである。こうした技能を含め、クスクス猟は山地民の「在来知」の蓄積に支えられている。

森のなかに創出される人為的「ギャップ」

山地民は「シラニ」の位置を確認すると、その周辺の樹木や枝を伐採し、その樹木に接する枝を一つだけ残す。あるいは、接している周辺樹木をすべて切り倒した後、隣接する樹木と結ぶように木の棒を取りつける。そして、残した枝や設置した木の棒にソヘを取りつける。

そのほかにも、倒木によってできた複数のギャップ（枝と枝が接することのない部分）を結ぶように樹木を伐採したり、小川に沿って枝ぶりのよい樹木を伐採したりして、数十メートルにわたる帯状のギャップをつくることもある。その場合、クスクスが通過できる場所をいくつか残しておき、そこにソヘをとりつける。多い人だと一〇〇個以上のソヘをしかける人もいた。山地民は数日に一度、しかけた罠を見回りにゆく。

クスクス猟は、中央セラムのことばで「カイタフ」とよばれる森、すなわち、これまで開墾されたことがなく、猟場とされている森でおこなわれている。カイタフは一見すると原生的な老齢天然林だが、猟を行うために古くから伐採が行われ、人の手が加わった、人為的かく乱環境があちこちに創出されてきた場所なのである。

こうしてできたギャップは、森の先駆植物にとって好ましい生育環境となるであろうし、そうした下層植生を食糧とするティモールシカなどの動物にとっても良好な餌場になっている可能性がある。

クスクス猟は、人の食生活だけではなく、多かれ少なかれ、かく乱環境を好む生きものたちの暮らしを支える役割を担ってきた、といえるかもしれない。

▲クスクスを仕留めるための輪罠ソヘをしかける男性。輪のなかにクスクスが首をいれ、木の棒に触れると、輪の一端に結びつけられていた重しが下に落ち、クスクスを締めつける仕組みになっている

ソヘにかかったクスクスを手にする村びと

▶仕留められたクスクス

▶捕えられたクスクスは、多くの場合、竹のなかに入れて火にくべ、蒸し焼きにして食べられる

世界を動かした熱帯の植物

金子《かねこ》　正徳《まさのり》

概説地図（p. 74）
7−4

胡椒とともに歩んだ歴史と今

紀元前より世界の食文化を彩る胡椒は、いまや塩とともにごくありふれた調味料であるが、かつては、時に同重量の金と交換されるほどのぜいたく品であった。大航海時代までのヨーロッパでは、ヴェネチアを通じて輸入されるかぎられた量の胡椒しか流通しなかったためである。

他方で、中国の唐・宋時代のぜいたくな食文化のなかでうまれた胡椒の大きな需要にこたえるかたちで、東南アジア島嶼《とうしょ》地域の港市は栄え、ジャワ島やスマトラ島でのコショウ栽培がすすんだといわれる。

コショウの蔓の添え木として樹木が立ち並ぶ

このような流通の地域間格差をもっていた胡椒への欲望は、一五世紀末から一七世紀なかばの大航海時代に、西欧諸国をアジア進出に駆り立てた。インドやインドネシアなどの生産地は西欧諸国の植民地となったことで胡椒は安価に取引されるようになり、商品としての希少性を失った。それは胡椒が、世界各地における庶民の食生活に欠かせない日常的な香辛料へと変化する過程でもあった。

現代の世界で流通する胡椒は、伝統的な黒・白あるいは粒・粉の胡椒だけではない。凍結乾燥技術による赤や緑のカラフルな胡椒や、ペッパーオイルのような二次製品など多様な製品が登場し、薬品やブランド香水の原材料、加工食品の添加物としても流通している。

現代の胡椒の主要生産国は、ブラジル、インド、インドネシア、マレーシア、スリランカ、マダガスカル、そして、近年生産量を増大させているベトナムと中国である。

コショウの苗の植えつけ
【提供：Bertoven Vivit Nurdin】

コショウ
【学名：*piper nigrum*】

胡椒は、コショウ目コショウ科コショウ属に分類される蔓性の多年生植物。熱帯地域に植生し、年間降水量 2,000～3,000 mm の多雨と同時に水はけのよい土壌も必要とする。蔓は樹木や添え木にまきつきながら 7～10 m ほどに伸びる。実は房状につき、熟すと赤色になる。植物としての寿命は、通常は十数年、長ければ 80 年以上の古木も存在する。原産地はインドのケーララ州という説が有力。

コショウの実と葉。葉脈に特徴がある
【提供：Bertoven Vivit Nurdin】

黒胡椒と一手間違う白胡椒づくり

胡椒が、いったいどんな植物でどのように生産されているのかについて実は、あまり知られていない。インドネシア共和国の例を中心にみていこう。

インドネシアでは、マラッカ海峡周辺に位置するバンカ島が白胡椒生産で知られる。白胡椒は黒胡椒と同一品種から加工されるが、その栽培環境には違いがみられる。

白胡椒生産には、収穫した実を水に浸して外皮を取り除く工程が加わるため、天日乾燥のみの黒胡椒よりも手間がかかる。これによって白胡椒は、黒胡椒よりも上品な刺激になり、市場価格も黒胡椒より高い。白胡椒のためのコショウは大農園で単作され、コンクリート柱を用い、施肥を施すなどして多収量をめざす、資本集約的・労働集約的な農法でつくられる。

ランプン州の人たちは10m近くに伸びる蔓《つる》からコショウの実を収穫する
【提供：Bertoven Vivit Nurdin】

焼畑とも深く関わっていた栽培法

他方で、スマトラ島南端に位置するランプン州は、オランダが植民地支配する以前から独立以後、現代にいたるまで、黒胡椒の世界的な生産地域である。

同州一帯における伝統的なコショウの栽培方法は、焼畑陸稲耕作と密接に関係していた。熱帯多雨林を焼き、焼畑をつくり、一定の期間陸稲を耕作した後に、コショウを植えていたのである。コショウの蔓の添え木として、特定種の樹木を等間隔で植えてきた。施肥はせず、森林が養った地力に依存する粗放的な農法で、十数年間収穫を続ける。

収穫された未熟な緑の胡椒は、天日乾燥されることで黒胡椒になる。現代のランプン州では、コーヒーなど、他の換金作物とコショウを混作することが一般的である。混作するほうが病虫害にかかりづらく生育がよいという説明を聞いたことがあるが、乱高下する市場価格に対して作物を多様化することでリスクを回避する目的もあるだろう。

世界経済のただなかで変わるコショウ栽培

ランプン州におけるコショウの栽培を巡る環境は大きく変化している。同州南部ではいまやキャッサバ、トウモロコシ、水稲などが中心的な栽培植物である。国内移民による農地開拓によって、南部では栽培可能な土地が減り、栽培してもさまざまな病気にかかりやすく十分な収穫・収入が見込めないからだと聞いた。

コショウ栽培の中心は、開発が進んでいないために森林が比較的残っている地域に移っている。国際市場における供給過剰と価格下落もまた、少量では利益が薄く転作を余儀なくされる状況を生み出している。

刺激を求めて当然のように胡椒をもちいるわたしたちの食は、熱帯の胡椒生産者たちによって支えられているが、かれらは国内外の社会・経済環境や、開発による自然環境の変化に大きく揺さぶられるのだ。

収穫されたコショウ。未熟なうちに収穫するため鮮やかな緑色をしている。実はそのまま天日干しにすると黒胡椒になる
【提供：Bertoven Vivit Nurdin】

くさいかおいしいか、「キュー」な食べ物

野中《のなか》 健一《けんいち》

概説地図（p. 74）
7−5

プチッとした歯ごたえ、ジューシーな味

ラオスではカメムシは食べものだ。乾季には、市場に体長二・五センチメートルほどのカメムシが、生きたまま、あるいは炒めものになって売られている。炒めものをひとつ買って食べてみると、脂っこくてコクがある味わいだ。この味は「マン」とよばれる。あの強烈なにおいは？

それが、気にならないのである。

雨季に出回っている一センチほどの小ぶりのカメムシは、プチッとした歯ごたえでなかなか「マン」で清涼感のあるジューシーな味が口のなかに広がり、また違った味わいがする。これらは、そのまま食べられるばかりでなく、香辛料とともにカメムシをいっしょに潰してつくる「チェオ」とよばれる調理品によく使われる。「チェオ」にすると臭みが抜けてやわらかな香りとなって美味しくなるのだといわれるが、香辛料のさまざまな香りにカメムシの強い香りと味が見事に合わさって全体を引き立たせている。

ラオスの人びとはカメムシのにおいに鈍感なのではない。種類、成長段階、雌雄の違いなどによってそのにおいを細やかに区別している。カメムシのにおいは「キュー」と表現されるが、これはくさいというよりも、むしろ「きつい」という意味で使われるようだ。生ではキューなカメムシは焼いたり炒めたりすることによって、やわらかな香りになり「マン」の味が引き出されてくる。

ある種のカメムシは「キュー」すぎるから食べないという人がいるいっぽうで、「キュー」こそおいしいという人もいる。大人にとっては生の方がにおいがきつくてよいのだという人もいる。「チェオ」に生で入れたほうが新鮮でより強い味になるのだという。

このようにカメムシの味をめぐっては、個人の好みがさまざまにある。食料というよりは嗜好品のようだ。

口の中に入ってしまえば、においが広がることはない

生の極みはカメムシを生きたまま食べることである。わたしの調査アシスタントは稲穂に止まるカメムシをつまみ採って生きたまま食べるという。これにはわたしはびっくりした。と同時にわくわくした。わたしがつかまえてきたものを見せたところ、かれは即座に食べてしまっ

カメムシ
【学名：*Hemiptera*】

田んぼで得られたなカメムシ

半翅目（カメムシ目）に属する昆虫で世界各地に生息する。稲・野菜・果樹の害虫、悪臭を放つ不快昆虫として知られている。独特の臭気はカメムシ酸とよばれ、外敵に対する防御フェロモンの一種で、中脚のつけ根の分泌腺（臭腺）より放たれる。カメムシを食用とする地域として本文であげたラオスのほかに、タイ、南アフリカ、ジンバブエ、ニューギニア、メキシコ、ベネズエラ、インドなどが知られている。

▲「チェオ」は主食の蒸したもち米につけて食べられる

炒めものの串刺し

た。それは、村人が「キュー」すぎるといって避けていた種類であった（右ページ写真一番左のクモヘリカメムシの仲間）。

わたしはかれにならって、後日、田んぼでそのカメムシをつかまえて食べてみた。生きているカメムシをつかむと、くさいにおいが発せられる。正直なところ恐る恐るだったが、思い切って口のなかに入れて噛んでみた。ぴりっとした感じがするが、その後に「マン」の味が広がってくる。さわやかでやさしい甘さだ。口のなかに入ってしまえば、においが広がることはない。意外にいけるではないかというのが食後の感想だ。

甘さとくささの間を揺れ動くカメムシのにおい、「キュー」の奥深さをあらためて知ることができた。カメムシが隠しもつ、強くて甘美な香りを味わい楽しむ人たちがいる。生きたカメムシの鼻をつきさすような「キュー」を体験して、食ばかりでなく新しい世界が広がっていくように感じられるのである。

▲田んぼでのカメムシ採り

カメムシはイネを吸汁する害虫である

ふるさとの味は、毒の味？

阿良田《あらた》 麻里子《まりこ》

概説地図（p. 74）

7–6

『猛毒のイヌホオズキ』

イヌホオズキという植物をご存じだろうか。直径一センチほどの球形の実をつけるが、名前のイメージに反してホオズキのような袋はない。

スンダ料理の専門レストランでは、出来合いの料理が並ぶ

子どものころの愛読書『スカラブ号の夏休み』では、おてんば娘のナンシイが、招かれざる客である大叔母の寝室に猛毒のイヌホオズキの花を飾ろうと言う場面があった。それ以来、実物は知らずともイヌホオズキは猛毒なのだと信じこんでいた。植物図鑑をひもといても確かに有毒植物と書いてある。

だから、インドネシア・西ジャワに住むスンダ人の食べるルンチャの正体が、このイヌホオズキの実だと知ったときには驚いた。ルンチャはスンダではれっきとした野菜なのである。

ふるさとの味ルンチャ

お手軽な食べ方はララブと言って、キュウリやキャベツなどと同様に生野菜としてそのままサンバルとよばれるチリソースをちょいとつけて食べる。少し手をかけるなら、すりつぶした甘辛い調味料にルンチャを混ぜ、軽くたたきつぶしてカレドック=ルンチャにする。ピーナツや大豆の発酵食品や唐辛子と煮込み、ウルクトゥックにしてもよい。こんなに食べてもなんともないのだから、少なくとも栽培種には毒はないようだ。

しかし、ルンチャの味は、苦いようなえぐいような、なんとも言いようのない妙な味である。この味わいをスンダ人はプフールという言葉で表す。プフールな味のするものは、そう多くはない。ルンチャによく似たスズメナスビという植物の実や、出来のよくない生食用のナスぐらいである。

ウルクトゥック=ルンチャ

インドネシア人は一般にニガウリなどの苦い野菜を食べる。渋くて日本人が顔をしかめるようなものが平気な人も多

イヌホオズキ
【学名：*Solanum nigrum L.*】

ナス科。南北両半球の温帯から熱帯にかけて広く分布し、農地や道端に自生する。高さ 20～90 cm の一年草で、茎は枝分かれして広がる。球形の液果は、5～6 粒が房になっていて、未熟なうちは緑色、熟すと黒くなる。漢名は龍葵《りゅうき》といって漢方薬になる。本来は有毒だが、熱帯には栽培種があり、全草を食用にする。インドネシア語はアンティ（Anti）またはランティ（ranti）、スンダ語はルンチャ（leunca）。

い。しかし、スンダ人のようにルンチャを好む民族は、インドネシアでも他にはいない。ルンチャは、他地域では大きな市場で探し求めてもまず見かけないので探すのに苦労するが、西ジャワでは村の行商人でさえ毎日売りに来る、ごく普通の野菜だ。栽培も簡単で値段も安い。ある山村の調査では、頻繁に使われる食材として、米・ヤシ油・トウガラシ・トゥラシ（小エビなどでつくった調味料）・マニオクというメジャーどころと肩を並べて、堂々とルンチャが登場している。私の調査村も同様で、近所の家々の食卓にはしばしばルンチャがのぼっていた。豪勢な魚や肉の料理の並ぶ都会の高級スンダ料理レストランでも、渋い脇役としてルンチャ料理は欠かせない。

わたしも初めはつきあい程度に仕方なく食べていたが、そのうちにおいしく感じられるようになってきた。初めてのビールはまずくても、大人になるとおいしくなるのと似ている。ララブとして生のまま食べれば、噛むとぷちゅっとつぶれる感じが楽しい。発酵ピーナツの旨《うま》みや風味、唐辛子の辛みと相まって、得も言われぬ複雑な味わいをもつ料理ウルクトゥックも、好物のひとつになった。日本人のわたしがルンチャを好きだと言うと、スンダ人はたいていあんなものが好きなのかと嬉しそうにあきれて笑う。日本人が納豆好きの外国人に会った時のような感じである。「猛毒のイヌホオズキ」は、スンダの人びとにとって、ふるさとの味なのだ。

▲西ジャワ農村で。手前が生野菜のララブ。ナガササゲと丸い緑ナスの下にルンチャがある

▲ジャカルタの市場で。奥はおからでつくる赤オンチョム、手前右はスズメナスビ。中央の赤いビニール袋にルンチャが顔をのぞかせている

▲西ジャワ農村で。近所の仲良しが集まって食事中。左端の男性の前にウルクトゥックが見える

▶バンドゥン名産、ピーナツの油粕を発酵させた黒オンチョム

空気を食べるきれいな食べ物

市川《いちかわ》　哲《てつ》

概説地図（p. 74）
7–7

夏の風物詩にはいろいろあるが、セミの声は代表的なものといえるだろう。日本の夏のように暑い日々が一年中続くマレーシアにもセミがたくさんいる。マレーシアの国土はマレー半島にある西マレーシアとボルネオ島北部に位置する東マレーシアから構成される。東マレーシアのサラワク州には広大な熱帯雨林があり、セミも多数生息している。

カヤンのロングハウス

飛んで火に入る夏の虫

ボルネオ島のセミは夜、灯火に集まる性質をもっている。日本のセミもよく街路灯の近くに集まり夜通し鳴いているが、ボルネオのセミは鳴くだけでなく、家の灯めがけて飛び込んでくるのである。時には蛍光灯の周りを何匹ものセミがぶんぶん飛び回り、壁や天井に一〇匹近くが張りついていることもある。

種類も多く、日本のクマゼミやアブラゼミに似たセミや、日本では見ないような緑色のきれいなセミもいる。鳴き声を聞いているぶんには楽しいセミだが、蛍光灯を割るのではないかと思えるぐらいの勢いで飛びまわるのを見ていると、ちょっと冷や冷やさせられる。

胴体だけを油で揚げる

このセミを食べるのがサラワク州に住むカヤンとよばれる人びとである。カヤンのなかには

唐揚げにされたセミ

セミ

【学名：*Cicadoidea*】

主に熱帯や亜熱帯の森林地帯に分布する。ヨーロッパのような亜寒帯の森林にも分布するが、それほど一般的ではない。南欧以外のヨーロッパ人はセミを知らないことが多い。イソップ童話の「アリとキリギリス」は、もともとは「アリとセミ」であったが、ヨーロッパ北部ではセミが少ないため、キリギリスに変えられたという説がある。セミのオスの成虫の腹腔内部には音を出すための器官があり、鳴くことによってメスを引き付ける。中国や東南アジア各地にはセミを食べる習慣があるが、沖縄でもセミを食べることがある。

ロングハウスとよばれる伝統的な長屋形式の家屋に暮らし、熱帯雨林の中で焼畑農耕に従事したり、林業企業で働いたりしている人びとが数多くいる。私のカヤンのある友人の家庭では夜、自宅の蛍光灯の周りに集まってくるセミを捕まえ、ビニール袋に集めておく。多いときには一晩で三〇匹ぐらい集めることもある。捕まえられたセミたちはビニール袋の中でもガサガサと動きながら、ジージー、ミンミンと鳴く。初めて見たときには子どもたちが遊んでいるのかと思ったが、大人たちも一緒になってセミを集めているため、なぜそんなことをしているのかと聞いてみると、「料理して食べるのだ」と説明してくれた。集めたセミは翅や足を取って胴体だけにして、油で揚げて食べるのである。このセミの唐揚げはおかずというよりは、手軽なおやつのような感覚で食べられる。ところで味の方はどうなのだろう。

セミの翅と足を取っているところ

食感はパリパリ

セミそのものにはそれほど味はなく、居酒屋のメニューにある川エビの唐揚げのようなパリパリとした食感である。あまり上質ではない油を使って揚げてあると、ギトギトしてしまい、正直それほど美味しいとは感じないのだ。だがわたしの友人たちは、「セミは空を飛び回って空気を食べているだけだからきれいな食べ物なんだよ」とこのセミの唐揚げを喜んで食べている。

焼畑で播種をするカヤンの人びと

ある友人が「小ぶりのセミよりも、黒くて大型のセミのほうが美味しいよ」と教えてくれた。セミなんてどれも同じじゃないのか、揚げた油の味しかしないだろう、と思いつつ食べてみると、確かに黒い大型のセミのほうが美味しい。何回も食べているうちに、セミの唐揚げの山のなかから美味しそうなものをより分けて食べるようになってしまっていた。こうして今では、日本のセミも油で揚げたら食べられるのかな、種類によっても味が違うのかな、と思う自分にあらためて驚かされる。

川でボートに乗るカヤンの人びと

8 東アジア《概説》

ここで東アジアとよぶ地域は中国と朝鮮の二つの地域とする（日本は独立させて次章にした）。東アジアは世界でもっとも人口の密集した地域である。多彩な民族文化がある一方で、中国文化の影響も各地で認められている。紀元前一五世紀ごろに成立した中国文明は、宗教・思想・技術などとともに文字（漢字）を広め、共通の漢字文化圏をつくりだした。

朝鮮半島では、紀元前三〇〇〇年から二〇〇〇年に独自の文化が芽生え始めた。一〇世紀以前には、隣接する諸民族との交流があったと考えられる。以降、さまざまな段階で北方および西方からの文化を吸収しつつ、独自の文化を形成した。食生活ではキムチやニンニクをたっぷり使った味が特徴だが、冠婚葬祭と日常生活の区分けがはっきりとしている。

中国には五六にのぼる民族集団が生活している。最大の民族は漢民族で、起源についての定説はないものの、紀元前二〇〇〇年前から一〇〇〇年前に黄河中流域でかたちづくられたといわれている。他の民族も多彩である。東北部の森林・河川に採集・狩猟文化を伝えるオロチョン族、エベンキ族など、北部から西北部の草原地帯には、遊牧文化を維持するモンゴル族、カザフ族、キルギス族などが生活している。また西部のチベット高原には、農牧的な生活を営むチベット族、西南中国の山地には、広い範囲にわたってイ族、ミャオ族、ヤオ族、など数多くの少数民族が伝統的な生活様式を伝えている。

竜舞（漢族・北京市）：旧暦の元旦や、一月一五日の元宵《げんしょう》節にもちだし、数人で竜をささえ、躍らせる。竜身の各節に点灯できるものもある

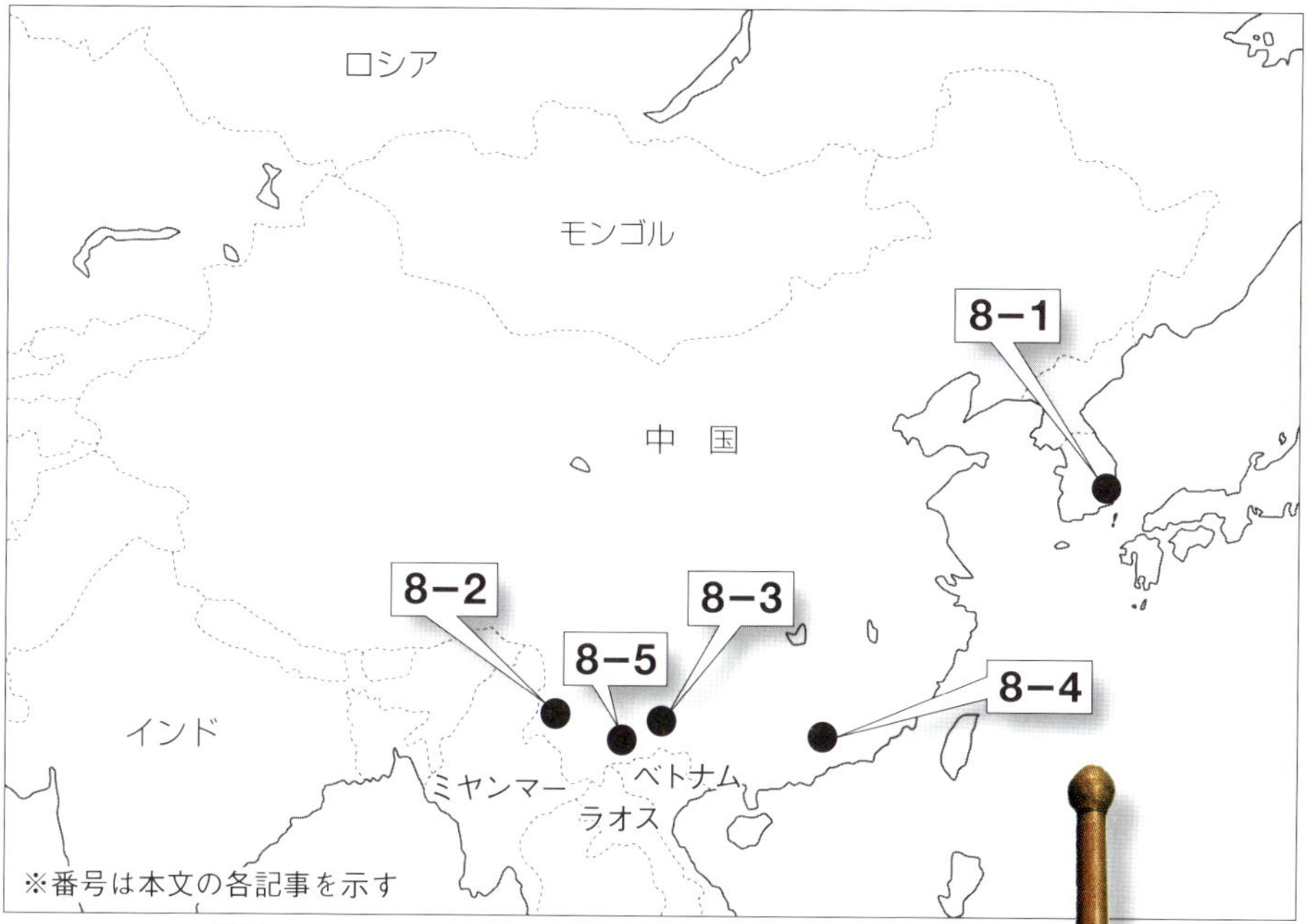

8−1：韓国・蔚山《ウルサン》
8−2：中国・雲南省・徳宏
8−3：中国・雲南省・文山
8−4：中国・広東
8−5：中国・雲南省・金平

バター茶作り用桶（中国西藏自治区・チベット〔蔵〕族）：ドンモという筒型撹拌機《つつがたかくはんき》。固形茶をくだいて煮て、塩とバターをいれて撹拌しバター茶をつくる

チャンスン（長柱）とソッテ（韓国・京畿道）：チャンスンは木に顔を彫ったもの、ソッテは木で鳥をかたどったものである。ともに守護神として村の入り口などにおかれる

ワカメ漁場と海女の暮らし

李《い》 善愛《そんえ》

概説地図（p. 90）
8−1

くじびきで決まる岩の主

毎年、誕生日になると韓国の母親から国際電話がかかってくる。

「今日はあなたの誕生日だからワカメ汁を食べなさい」。

誕生日の食事

そのころ韓国のワカメ漁場ではワカメの生育する岩の掃除がおこなわれている。

韓国の東海岸に位置する蔚山《ウルサン》市内から、バスで四〇分ほどかけて峠を越えると、南北に広がる集落のまんなかにある「漁村契事務所」に着く。漁村契とは、村の共同漁場を管理する漁業組織のことである。旧暦の八月一六日、漁村契員一六〇人が集まり、ワカメ漁場の区画割りあてのために、みな真剣な顔でくじびきに臨む。岩の大きさ、ワカメの収穫量に合わせて人数配分をし、くじびきで一年間の岩の主が決まるのだ。よいくじにはずれた人は大きなため息をつき、がっかりする。岩の主は同じ漁村契員の海女たちにワカメ漁場を売ったり、岩掃除や翌年のワカメ採取を頼んだりする。また、新しい岩の主は昨年の岩の主から、自分の岩の境界を教えてもらう。そして天気がよく、潮の流れのよい秋の日を選んで割りあてられた岩を掃除する。

ワカメ岩のくじ引き

一般に、漁業は男性主体の活動だ。しかし、東アジアでは潜水漁には古くから女性が携わっている。とくに韓国では、済州島を中心に、ヘニョとよばれる海女の活躍がめざましく、日本へも出稼ぎに来ているほどである。

春になると、海女たちは海でワカメを採り、岸では海女の家族がリヤカーなどをもって収穫

ワカメ
【学名：*Undaria pinnatifida*】

ワカメは、岩礁に着生する一年生植物で、日本や韓国、中国沿岸に分布している。ワカメの胞子葉から出た遊走子は岩などに付着して芽を出し、糸状に発育していく。夏を越し、秋になると体の細胞のある部分は、生殖器官にかわり、卵と精子ができはじめる。精子は泳いで卵にくっついて受精する。受精卵は細胞分裂を繰り返し、水温が20℃までさがる秋ごろには、肉眼で見られる幼体に発育してくる。冬のあいだに生長したワカメは3月から5月に採取される。

ワカメを乾燥台に並べていく

を待っている。集落の広場では、海女たちが採ってきたワカメを乾燥台に並べて干す。ワカメは天日によくさらして色が黒いものがよい品とされる。日あたりや風通しが悪いときに乾燥させた赤いものは商品価値が半減する。そのため、ワカメの採取は一週間の天気予報をみてからおこなう。気温が高すぎると、表面は乾燥していても裏は乾燥せず腐ってしまい、風がないとなかまで乾燥しないので、北西風が吹くときを選んで採取し、三、四日間天日にさらす。そのため、年に二、三回しか漁には出られない。干しワカメは海女の家族や親戚のネットワークを通して、一キログラム一〇万ウォン（約一万円）以上の高値で売られる。とくに一九九〇年代以降、健康ブームにのって、養殖ワカメの大量生産で沈滞していた天然ワカメの商品価値が高まりつつある。

韓国の暮らしの必需品

ワカメは韓国語でミヨクという。一一二三年に宋の使者、徐兢が編纂した見聞録『高麗図経』には、「ワカメは身分の貴賤にかかわらず、好んで食されている」と記されている。現在も大量に消費されていて、干しワカメは、産神膳の供物として欠かせない。また、産婦が汁にして食べると、乳の出がよくなるといわれ、お産の準備物としても必需品である。さらに、誕生日にワカメ汁を食べないと福に恵まれないといわれる。一方で、ワカメがぬるぬるしているところから、試験に落ちたり、解雇されたりしたとき、「ワカメ汁を食べた」という。このように韓国では、ワカメといえば自動的に誕生日、産後の肥立ち、試験運を連想してしまう。

ワカメ漁場の利用については、村ごとに、その生息条件、村の立地、社会・経済状況などによって独自の慣行が形成されてきた。しかし、こうした漁場慣行は、村外や都会の人にはほとんど知られていない。リゾート観光地、工業団地建設などの開発により、ワカメ漁場の面積はだんだん少なくなっており、天然ワカメの生産量も減りつつある。

トルカッキとよばれるワカメ岩掃除

米のある風景

長谷《ながたに》 千代子《ちよこ》

概説地図（p. 90）

8−2

親戚は助け合う

「今日はうちが息子夫婦の部屋を建て増しするので、弟たちの息子が三人、手伝いに来てくれたよ。田植えや稲刈りなどで人手がいるときも、近所の親戚は必ず助け合うんだ。一日の作業が終わったら、夕食をご馳走して労をねぎらう。お金なんかでケリをつけたりしない。日雇いじゃないんだし、いずれはわたしたちがかれらに恩返しする機会もあるのだから。こうやって親戚付き合いを続けていくのが、タイ族っていうものだよ」。

徳宏《とっこう》州の棚田

タイ族の田植え（1998 年）

ある年の春、調査地でいつも世話になる家を夕刻に訪ねると、普段は寡黙《かもく》なおじさんが、仲間たちと囲んでいた食卓にわたしを招き入れ、いつになく多弁に語った。おじさんは中国雲南省西部のミャンマー国境に近い徳宏《とっこう》というところに暮らすタイ族である。タイ族は雲南省の山間に点在する盆地などで、唐代までにある種の灌漑《かんがい》技術による稲作をおこなっていたと思われる人びとである。

米のある生活風景はあまりにも自然なのでつい見過ごしそうになるが、祭りや儀礼のなかでの米の使われ方を見ると、その重要性を再認識させられる。たとえば正月、人びとは親戚の家に集まり、餅つきをする。足踏みタイプの杵での餅つき風景は少なくなったが、おじさんの弟の家では、最近までのこの種の杵を使って餅をついていた。つきあがった餅は小さく丸めて扁平にのばし、バナナの葉で包んで保存する。食べるときは葉をはずして焼き、砂糖をふりかけ

イネ
【学名：*Oryza sativa*】

イネ科。古来、アジア地帯の主要な食料のひとつとして水田や畑地で栽培されてきた。中国では現在毎年モミで約 1.8 億 t の米が生産されている。雲南省では昔からいくつかの少数民族が稲作をおこなっており、山間に開けた盆地や山の斜面に水田が広がる。香米や紫米、軟米、扁米などといわれる米が雲南各地の伝統的な特産となっており、野生の稲の種類も豊富である。緑の革命以来、ハイブリッド種への依存が進んでいるが、伝統的な品種や農法も見直されつつある。

る。かつて日中戦争の後期に、ミャンマー方面から徳宏に侵入した日本軍が二年半ほどこの地域を占拠したが、その兵隊たちはこれを見て、「こんなところで餅にありつけるなんて！」と大喜びしたそうである。

　ほかにも、村の神を祀《まつ》るときには籾米《もみごめ》と白米の両方を神廟のまわりに撒き、仏像奉納の儀礼の際にはポップコーンのように弾《はじ》けさせた米を撒《ま》く。祖先に捧げる食品には、炊いたご飯が欠かせない。また、アジアの稲作地帯に広く分布する稲霊《いなだま》信仰が徳宏にもみられ、稲霊の腕を丁重に引く仏陀の塑像《そぞう》が、上座仏教寺院のなかに置かれていることもある。

田畑を失って

　しかし現在、稲作をとりまく状況は激変している。都市近郊の村では開発のために多くの水田が政府に買いあげられ、人びとは転業を余儀なくされている。農業を続けていても、米以外の商品作物に切り替えたり、その儲けでより貧しい山地民などを小作人として雇ったりする人が出てきた。おじさんが多弁だったのは、稲作とそれにまつわる儀礼や助け合いをおろそかにする人が、タイ族のなかにも増えてきたことが不満だったせいである。

　田畑を失っても、都市的な生活に移行できればまだよい。しかし、農民としての生活習慣は一朝一夕には変えられないし、まして少数民族となると、漢族が圧倒的多数を占める中国社会で就職戦線を勝ち抜くにはハンディが大きい。おじさんの息子夫婦にしても、都会での職探しに失敗して心ならずも帰郷し、わずかな田畑を村から借りて農業を始めるのである。そのおじさんの家のすぐ裏の水田はすでに潰され、近く宅地になることが決まっている。

　人の世の変化をおしとどめることはできないが、せめてその変化がおじさんたちにとって幸せなものであるように、祈らずにはいられない。

食卓の風景

正月の餅つき

稲霊とその手をとるブッダの像

宅地開発が進んだ最近の様子（二〇一一年）

マオ・グアは母の味

宮脇《みやわき》 千絵《ちえ》

概説地図（p. 90）

8−3

背負われながらマオ・グアを食べる子

中国のミャオ族の居住地には、平地や傾斜地を問わずトウモロコシ畑が広がる。多くが小麦との二毛作で、旧正月前後に小麦の収穫を終え、牛で畑を耕し、春の雨が降る四月ごろに播種する。八月には若いものが収穫できるが、本格的な収穫は実が完熟してプラスチックのように硬くなった十月ごろである。

ミャオ族の栽培するトウモロコシには、モチ種のものもある。トウモロコシは、八月の柔らかいものを茹でたり焼いたりするとモチモチしており、噛むほどにじんわりと甘みを感じる。この時期のトウモロコシを製粉して水と混ぜ、実を覆《おお》っていた表皮に包んで蒸しあげるパ・パオグ・ツャという団子は、一年に一度の味だ。主食のトウモロコシごはん、マオ・グアにはモチ種ではないトウモロコシが使用される。一〇月には家を埋め尽くすほど大量に収穫し、表皮を剥がし脱粒して、マオ・グアや家畜の飼料として日常的に使用する。

トウモロコシのごはん

マオ・グアをつくるにはまずトウモロコシを、以前は石臼で、現在は電動の機械で製粉する。一回に蒸す量は、直径二〇センチメートルほどの柄杓《えしゃく》に山盛り一杯程度である。それを目の細かいザルにのせ、水を加えつつダマにならないよう両手のひらをこすり合わせながら混ぜる。それを木製の蒸し器にいれ、湯を張った大鍋にかけて、強火で蒸す。五分ほど蒸したら再びザルにあけ、少しずつ水を加えながら空気を含ませるように手で混ぜ、目の粗いザルでふるう。再度蒸し器にいれ、十分ほど蒸せばできあがる。これを各自碗によそい、米飯と同じ要領で主食として食べる。

トウモロコシ
【学名：*Zea mays*】

イネ科の一年生植物。人間の食料や家畜の飼料として利用される。中国には16世紀ごろに伝わった。モチ種のトウモロコシには、黄、白、赤紫などの色がある。マオ・グアに使われるのは、黄色と白色のもので、白色のほうがきめが細かく滑らかな食感である。トウモロコシの茎や表皮は牛の飼料に、実をとったあとの軸や干した茎はかまどの燃料にと、ミャオ族の生活において無駄なく使用される。

10月に収穫されたトウモロコシ

ミャオ族の味を覚える

雲南省文山のミャオ族の村で滞在をはじめたころ、わたしはこのマオ・グアが苦手だった。細かい粒状のパサパサとした食感が喉につ

▲マオ・グアをかまどで蒸す

▲水を加えて手のひらでこすり合わせながら混ぜる

まり食べ難い。周囲の人びとが早々と数杯食べ終わっても、わたしは一杯を食べるのがやっとだった。かれらは、外から来た人がマオ・グアを喜ばないことを知っている。わたしにも何度も「マオ・グアは食べられるのか？」と聞いてきた。自嘲気味に「マオ・グアは不味いからね」と言う人さえいた。新年や結婚式には米を食べるが、トウモロコシの売値の三、四倍する米を購入することはまだまだ容易ではない。マオ・グアを食べている自分たちは貧しいという意識もあるのだろう。

それでもマオ・グアはミャオ族にとってもっとも慣れ親しんだ味であることは間違いない。老人は米よりマオ・グアを好む傾向にあるし、長く出稼ぎに行っている若者も時折マオ・グアを懐かしむという。女性が丹念に手で混ぜる様子を見ながら、私は日本の母が手で握るおにぎりに通じるものを感じた。徐々にマオ・グアに慣れてきたわたしに、村の人々が「あの子もマオ・グア食べられるんだね」とコソコソと話しているのを何度か耳にした。そういうとき、わたしの村の母は、少し誇らしげな顔をするのである。マオ・グアに慣れることはミャオ族の母の味を覚えることなのだ。

▲椀によそったマオ・グア

1年に一度の新しいトウモロコシでつくる蒸し団子

「水ゴキブリ」を食べてみるかい？

川口《かわぐち》 幸大《ゆきひろ》

概説地図（p. 90）

8–4

生きものと食べもの

「中国では、四つ足のものはテーブル以外、空を飛ぶものは飛行機以外、何でも食べる」という俗諺《ぞくげん》を聞いたことのある方は多いだろう。

かつての清平市場のにぎわい

さすがにこれは大げさだが、中国で暮らしていると、日本では普通あまり口にしない食材が市場で売られていたり、食卓にあがってくることはたしかに多い。

特に東南部の広東では「野味（イエメイ）」、つまり野生動物の肉に代表されるように、多種多様なものを食するというイメージが中国国内でも定着している。広州市内の清平市場では、家禽類や魚介類はもちろん、かつてはイヌやネコからサソリやヘビやハクビシンにいたるまで、驚くほどたくさんの生きものが生きたまま売られていた。しかし、SARSが猛威をふるって以来、こうした野生動物の多くは食材として取引することが禁じられ、さらに市街地が整備されたこともあいまって、清平市場の規模はずいぶんと縮小してしまった。現在では漢方薬の材料をあつかう店舗が集積しているくらいで、当時の面影はすっかりなくなっている。

生きたまま売られる家禽類

水ゴキブリ？

このように市場で目にすることのできる食材の数は減りつつある広東ではあるが、それでも時として未知の食べものに出くわすことがある。あるとき村の知人宅に招かれたさい、主人の妻からこんなふうにたずねられた。

「水甲由（ソィガッザッ）を食べてみるかい？」

「えぇっ！」とわたしは正直驚いた。

「甲由（ガッザッ）」とは広東の方言でゴキブリのことである。ということは、「水甲由」は「水

ゲンゴロウ
【学名：*Cybister japonicas*】

甲虫目に属する昆虫で、中国・日本・韓国など東アジアに広く生息している。亜科であるゲンゴロウ科に属するものを含めると、世界中で 3,000 から 4,000 種が知られている。日本でもかつては池や沼などで数多く見られたが、水質汚染や農薬などの影響で激減し、現在では 10 種あまりが絶滅危惧種あるいは準絶滅危惧種に指定されている。

ゴキブリ」……。ゴキブリか……。でも水ゴキブリって何のことだろう？　内心はらはらしながら考えているわたしのようすを見て主人の妻は笑って言った。「いやあ、水ゴキブリって言っても、家のなかにいるゴキブリじゃないよ。あのゴキブリはさすがに食べないけど、これは食べていいんだ。身体にいいんだよ」。皿に盛られて出てきたものは、全身が茶黒く、足にはヒゲのようなものがついていて、一見したところたしかにゴキブリに見えなくもない。しかし、

市場で売られるゲンゴロウ

よくよく目をこらすと、胴体には甲羅があってゴキブリより固そうだし、全体的に丸みを帯びたかたちをしている。そうか、これはゲンゴロウだ！　そう。「水甲甴」とはゲンゴロウのことだったのである。

食材としてのゲンゴロウ

教えられるままに、まず羽の部分を取りはずしてから、その下の白っぽい身を食べる。少し苦みがある程度で、それほどくせのない味である。

家庭での一般的な調理方法は、生きたものを買ってきて、まず下ゆでしたあと、塩、山椒、八角、桂皮などとともに三分間ほど煮るのだという。腎臓によいとされていて、夜尿症に効果があるということだ。

市場では、今オスが五〇〇グラム三〇〇円、メスが一二〇〇円ほどで売られている。そのほとんどは食用に養殖されたものである。メスがオスより高いのは、メスのほうが栄養価が高いとされているからだという。

ところで、「水甲甴」というのは広東での通称で、標準中国語でのゲンゴロウの名称は「龍虱（ロンシー）」という。「龍のシラミ」とはこれまた風流な呼び方だが、知らない者にとっては、「龍のシラミを食べてみるかい？」とたずねられても、やはりとまどってしまうにちがいない。

調理されて出てきたゲンゴロウ
（一番手前。レストランにて）

村の人たちの食事風景

亜熱帯林と草果《そうか》

篠原《しのはら》　徹《とおる》

概説地図（p. 90）

8−5

雲南の肉料理につきもの

中国雲南省の省都・昆明《こんめい》では、庶民の行くレストランに入ると特有の匂いがする。嗅覚の優れた人なら、中華料理になじみ深い八角茴香《ういきょう》の匂いとは違うのがわかるはずである。匂いの主は草果と中国語でいう果実だ。雲南の肉料理にはつきものである。店の主人にこの草果を見せてもらった。一見してこれはショウガ科の果実であることはわかった。どこから来て、どんな植物だと聞いたら、意外にも「これは樹木になるよ」といった。まさか、ショウガ科のものに樹木はないだろうと思いつつ、産地を聞くと雲南の南だという。これは雲南のカルダモンと言っていい芳香である。これが、わたしにとって、雲南省がベトナムと接する山岳地帯の特産物である草果との最初の出合いであった。

村から遠く離れたベトナム国境近い亜熱帯林

その後、わたしは仲間とともに雲南の南にある紅河ハニ族イ族自治州の金平県の者米《しゃまい》ラフ族郷の者米を拠点にして、山に住む多様な民族の自然と生活のかかわりについて調査を始めた。者米は南北を山に挟まれた谷で、河岸段丘にはタイ族が、山腹にはハニ族、ヤオ族、イ族が生活している。現在は政府の定住化政策で山腹に降りて来たラフ族も生活している。ほかにも別の民族がいるが、これらの人びとが接触するのが六日ごとに開かれるマーケットである。ここではハニの人たちが大量の草果を仲買人と取引

顔をのぞかせてる草果の実

草　果

【学名：*Amomum tsao-ko*】

ショウガ科のアモムム属は東アジアからマレーシアなどの熱帯、亜熱帯に分布し、80〜100種ほどが知られている。ショウガに似たものが多い多年生草本である。この属には実がインド・カルダモンやジャバ・カルダモンなど香辛料や薬用として使われるものがある。草果の実は乾燥して肉料理の香辛料として使われる。花芽はサラダなどの生食としてもおいしい。

びっしりとなっている草果の実

【写真はすべて西谷　大（歴博）氏提供】

していた。こうして栽培地の近くでこの草果と再び出合うことになった。マーケットでは各民族ごとに得意な農産物があるので、売り手が買い手になり、買い手が売り手になるのだけれども、ヤオだけは買い手でしかなかった。じつはヤオは山のなかで栽培した草果を村にやって来る仲買人に売ってしまう。マーケットにはそれでえたお金だけもって物を買いに来るのである。

ヤオ族の人びとと田植え前の棚田

トラやサルのいる山奥で栽培

こうなればわたしたちは、山のなかで栽培する草果を見に行かなければならない。いつも世話になっているヤオの村へ行き、草果の栽培地に連れて行ってほしいと頼む。これが大変な山奥であり、かれらの出作り小屋はそこにある。かれらの足で四時間くらい、わたしの足では実際一〇時間かかる亜熱帯のなかに草果畑はあった。トラもテナガザルもまだいるといわれる三〇六七メートルの西隆山の向こうはベトナムである。この一帯はブナ科を主体とする亜熱帯林で、林冠は閉鎖に近い状態である。ヤオの人びとはこの亜熱帯林のなかで樹を間伐し、その下に草果を栽培していた。ヤオの人びとは数十年単位で移動するらしい。ここに来る前は元陽あたりの山にいたという。そこで同じヤオから草果栽培を習ったようだ。草果はヤオの人びとによれば高度が一五〇〇メートル以上でないと実ができないと言う。

出作り小屋（手前）と草果を乾燥させる窯（奥）

　わたしは樹林の下である時、マルハナバチの仲間が草果の花に潜って行くのを見たことがある。そのとき、わたしはある種のマルハナバチが草果の受粉に特別にかかわっているのではないかと思った。そしてそのマルハナバチが、一五〇〇メートル以上にしか分布しない種であるため高い亜熱帯林でしか栽培できないのではないか。そう考えると草果が山歩きの得意なヤオの特産物になっていることも理解できる。

　帰ってから、たまたま韓国の済州島近くで、台風に遭い沈没した新安沈没船の植物遺体のなかにこの草果の実があったことを知った。一三二三年、この船は寧波を出て博多に向かっていて遭難したのだが、このようにかつて日本にも香辛料として入っていたのかもしれない。そうだとすると沈没船の草果は、雲南からはるばる日本にも来ていたことになる。雲南の山々と沈没船の不思議なつながりを想像してみるのも愉快である。

▶乾燥されて取引される草果の実（手前から二番目の袋）

9 日本《概説》

日本列島は、アジア大陸の東に南北三五〇〇キロメートルにわたってつらなり、複雑な地形と多様な自然がみられる。

日本文化の全体的な特徴としては、隣接する中国・朝鮮の諸文化の影響を受けながらも、多様な自然のなかで、きめこまかな独自の地域文化が形成・展開された。また、独自性の高い文化を保ってきた民族としてはアイヌがあげられるが、彼らも活発な交易をおこなっていたため、閉ざされた文化ではなく、和人とよばれた日本の本土文化とのかかわり合いもみることができる。

日本の多様な文化は、たとえば日本の方言の多様性にも反映しているが、とくに本土の諸方言と南西諸島で話される琉球方言（琉球語）との差異は著しい。またアイヌにおいても、サハリン、千島、北海道の三つの地域集団を形成し、かなり異なる文化要素と方言をもっていた。

民家を例に取り上げると、深雪に備えた急勾配の屋根をもつ合掌造りから、石垣の壁や防風林で台風に備えた沖縄の二棟造りなど、多様な自然に基づいたさまざまな地域的な特徴がみられる。また、ウマヤを突出させた曲家（まがりや）などの例は、ウマやウシを家族の一員として大切に扱っていたことを示すものでもある。そのほか、農具・猟具・漁具などの生業の道具や、暮らしの道具にも地域性がみられるものが多い。

鹿《しし》踊りの面装束：東北地方には鹿をかたどる鹿踊りがひろく分布している。シシは本来、獣をさし、山から訪れる神の姿をかたどったものと考えられる

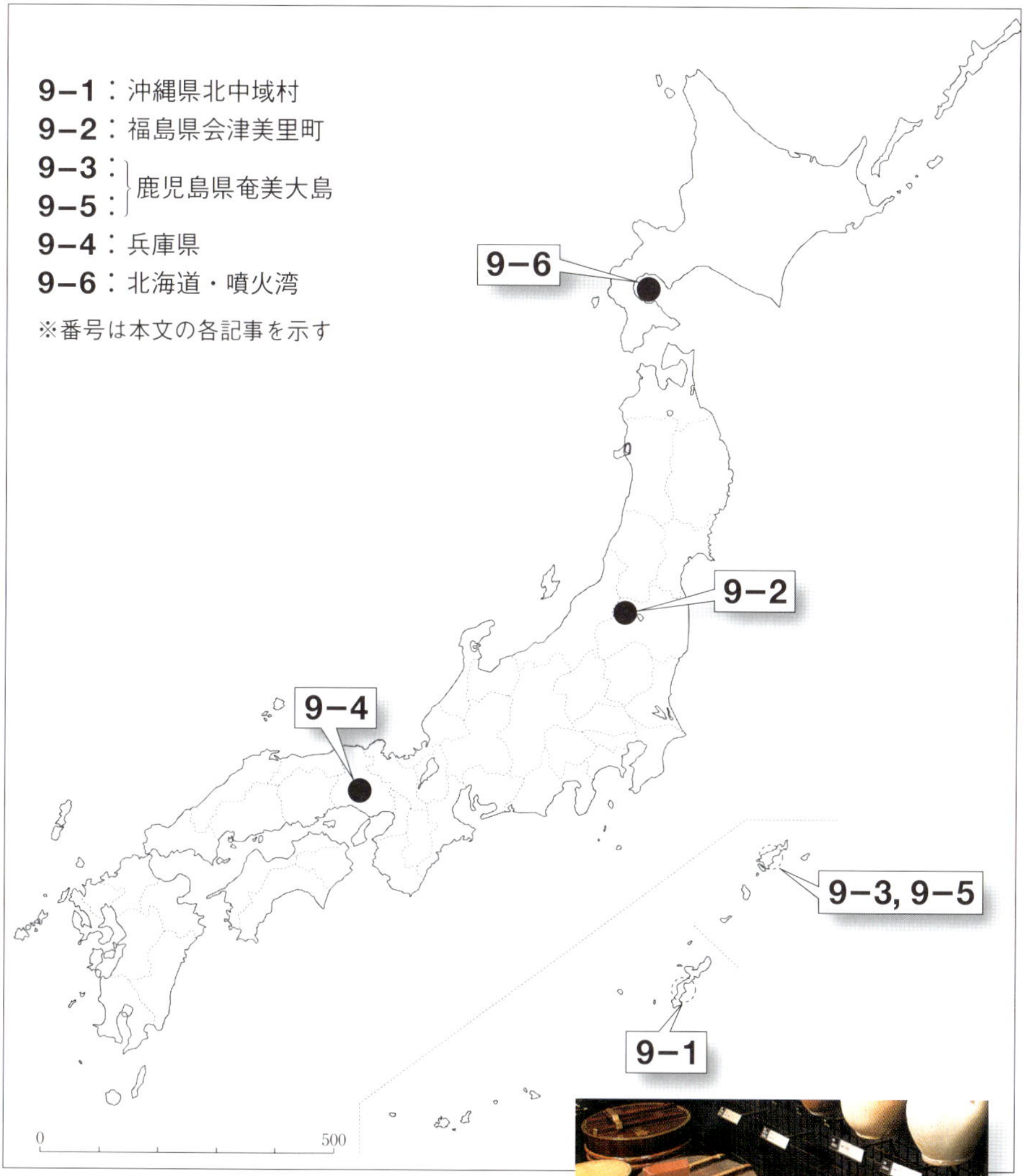

礼冠：アイヌの熊送りなどの儀礼のときに、男が被るもの。前立てにあたる部分には、クマやオオカミなどの木彫りやほんもののクマの爪がつけられている

角樽《つのだる》と酒樽（三重県・四日市市）：酒を入れる容器。角樽（左）は、とくに正月や婚礼など、祝い事のときに使った。そのため、朱塗りにすることが多い。角樽の名は、柄が長いことによる

日本

イノーをめぐる養殖と採集の風景

田村《たむら》 典江《のりえ》

概説地図（p. 102）

9−1

サンゴ礁に囲まれた干潟の養殖場

二〇〇四年九月、アーサ（ヒトエグサ）の養殖シーズンがはじまるころ、わたしは養殖のための網張り作業を観察するために、沖縄本島中部に位置する北中城《きたなかぐすく》村のイノーを訪れた。ちょうどそのころ、西へそれるかと思われた台風二一号が、急に東へと進路を転じて本島に接近し、北中城は暴風圏に入った。わたしは台風が過ぎ去るまで作業は延期されるだろうと思ったのだが、養殖を営む海人《ウミンチュ》たちは、風雨の合間を縫って養殖場に網を張っていた。

イノーとはサンゴ礁に囲まれた干潟のことで、干潮時には干上がって陸となり、潮が満ちるとごく浅い海となる。北中城村のイノーには、本島で最大面積のアーサ養殖地が存在し、鉄筋の支柱が無数に立ち並ぶなか、海面と水平に約四〇〇〇枚の網が張られる。アーサは緑色をした膜状の海藻で、この網の上で成長する。養殖作業は例年九月の中旬、アーサの胞子が発生するころに始まる。最初に海人たちは、胞子がつきそうな場所に網を五枚重ねて張る。胞子が網に付着して発芽すると、一一月なかばには緑色の葉が伸びてくる。すると今度は、網を一枚ずつ養殖場に張りこんでいく。寒くなるとアーサはぐんぐん成長し、二月初頭から三月にかけて収穫が行われる。

北中城では旧暦の八月一五日に胞子の発生が一番多くなるといわれている。海人たちはその日を目安として網を張り始めるが、二〇〇四年はそれが台風と重なってしまった。暦どおりに網を張ったある海人は、影響を案じるわたしに、台風にはイノーを濁らせるものときれいにするものの二種類があると語った。そして今回

養殖場。イノーに支柱が立ち並ぶ

網の上で成長したアーサ

ヒトエグサ
【学名：*Monostroma nitidum*】

ヒトエグサはアオサ藻綱ヒビミドロ目ヒトエグサ科の緑藻で、本州太平洋岸中部から西南諸島に分布する。葉体は平面に並んだ一層の細胞からなり、薄く柔らかい。アーサは沖縄地方の名称である。全国で広く食用に利用されるが、沖縄地方での利用としては、アーサ汁やアーサ天ぷらがよく知られている。

アーサの生え具合を確かめる

網に生えたアーサをはさみで刈り取る

収穫後、赤い網に詰め込まれたアーサ。このあと、洗浄・乾燥されて製品になる

刈り取り機でアーサを収穫する

の台風は後者であり、イノーは濁らないから網を張っても問題はないという。この判断の成否は、二月に明らかになる。

イノーを歩く楽しみ

二月のイノーには、収穫作業をする海人のほかに、養殖場の外側で天然のアーサを採る人たちがいる。二〇〇四年二月に訪れたとき、まねてわたしも採ってみた。アーサは他の海藻と比較して手触りが特徴的で見分けがつきやすく、またイノーのなかでも浅いところにあって、すぐに採集することができた。採っている人たちに話を聞くと、自分の家で食べるためだという。しかし養殖生産もあって、アーサは商業的に広く流通しており、どこのスーパーでも一年中手に入る。したがって、食べるために採集するというよりは、イノーを歩く楽しみのひとつに採集があるようだった。

　アーサの養殖は、胞子の発生がなければ成立しない。人間はただ、網を張って胞子の付着面積を増やしているにすぎず、養殖場としてイノーが利用される。またイノーにはアーサを採集する人たちもやってくる。養殖と採集は異なる利用形態だが、どちらもイノーの豊かさを基盤としている。しかしイノーは、沿岸の埋め立てによってもっとも失われやすい場所でもある。アーサの利用を知ることは、開発からイノーを守るためにも、重要な意味をもつだろう。

ヤマバチが来る季節

佐治《さじ》　靖《おさむ》

概説地図（p. 102）
9−2

ミツバチとのかけひき

初夏を誘うそよ風が早苗をやさしく揺らす季節、ヤマバチが来ることを心待ちにしている東尾岐《ひがしおまた》の人びとは、一喜一憂していることだろう。なぜなら、この季節、仕掛けたミツバチタッコに、何群のヤマバチが飛来し営巣したか、最終的な結果がわかるからである。

福島県会津美里町東尾岐。会津盆地南縁の山間に位置するこの地域では、山野に野生するミツバチ（ニホンミツバチ）をヤマバチとよび、その飼養が伝統的におこなわれてきた。ちなみに、一般に知られるミツバチや養蜂は、じつは明治期に移入されたセイヨウミツバチと、その習性を利用した養蜂で、ここで述べるものとはまったく別といってもよい。

ミツバチタッコの製作。東尾岐では主に桐や杉の丸太をくり抜きタツコを製作する

四月下旬、ようやく雪がとけ、東尾岐に遅い春が訪れると、人びとは待ちかねたように、昨秋、小屋や軒下に片づけていたミツバチタッコを運び出し、内部のゴミやクモの巣をとり除くタッコ掃除を始める。ミツバチタッコ（タッコともいう）とは、ヤマバチを飼養する巣箱である。巣箱といってもその形は独特で、輪切りにした丸太の内部をくり抜き、上下に板をあて、下部の一か所に小さな出入口を刻んだ単純で素朴な道具である。遠目には単なる丸太と見間違えるほど、「より自然に」を特徴としている。

タッコを仕掛ける。適所にタッコを運ぶ。複数のタッコを一度に仕掛けるときには、一輪車などを用いる。仕掛けるのはちょうど菜の花の季節

五月、いよいよヤマバチが来る季節の到来である。周囲の山野に生息するヤマバチが巣分かれ（分蜂）をする。これを東尾岐では、「来る」と表現してきた。分蜂したハチ群が、あらたな棲み家として、人びとの仕掛けたタッコを気に入り、棲みつくかどうかが、その年の飼養を左右するのである。

人びとは、自然知ともいうべき、経験に裏づけられた知恵でヤマバチが好む場所、たとえば大木の根元、お堂の軒下などにタッコを仕掛けて歩く。しかし、ただ置くのではない。よく見ると日照や風向きなどが考慮されている。また

ニホンミツバチ
【学名：*Apis cerana japonica* Rad. 1887】

ニホンミツバチは、日本の山野に野生する在来のミツバチで、アジアを中心に生息するトウヨウミツバチ（*Apis cerana Fabricius* 1798）の一亜種。北は青森県下北半島、南は鹿児島県大隅半島に至る広範に生息する。トウヨウミツバチのなかで、もっとも北に生息することから「北限の *Apis cerana*」と称される。近代養蜂で利用されるセイヨウミツバチ（*Apis mellifera*）とは種が異なり、サイズも小さい。また振動・移動に敏感で逃去性が高く、巣の「かじり行動」がある。地方によりヤマバチ、ジバチ、ミツ、ワバチなどとよばれ、いくつかの地域で飼養が確認されている。

定期的に見回ってハチの飛来を確かめ、その折、タッコ内部や出入口に古い蜜や蝋を塗るといった、ハチ群を「誘う」働きかけがこまめに繰り返される。タッコは、巣箱である前にハチ群をおびき寄せるトラップなのである。

　こうした行動にあらわれるように、人びとの目的は、単に蜂蜜の獲得だけではない。野生のミツバチを自分のものにできるかどうか、その狩猟に似たミツバチとのかけひきにもまた、楽しみや価値を見出しているのである。

野生を養う

運よく、ハチ群がタッコに営巣すれば養蜂の成立である。しかし、タッコを嫌っていつ逃去《とうきょ》するかわからず、所有にはつねに不安定さがつきまとう。その後、自宅近くにタッコを置き、晩秋に採蜜する。その際、巣もろとも採るため、ハチ群は死滅・逃去を余儀なくされる。一見、残酷に見えるが、それは周囲の自然に、毎年一定数の分蜂群を生む営巣環境が持続されていることのあらわれでもある。

　とはいえ、近年、技術に少し変化が起きている。ハチ群を越冬させ、連年で飼養するようになってきた。始めて約一〇年という川島さんは、毎年三五、六個のタッコを仕掛ける。夜勤の仕事をするかれは、分蜂期には帰宅途中、必ず仕掛けたタッコを見回り、時間を惜しんではあらたなタッコの製作にも余念がない。かれがつくるタッコは、伝統の形を基本に胴部が蝶番《ちょうつがい》で観音開きに開閉するよう工夫されている。また、重ね箱状の巣箱も考案中だ。これでハチ群を死滅させず、採蜜できるという。

　気がつけば、東尾岐に通い始めて二〇年近い歳月が過ぎた。この養蜂は、生業や副業としての経済的価値は皆無に等しい。にもかかわらず、このあいだに、新しく始める人は確実に増えている。それは、この養蜂が人を惹きつけ、熱中させる魅力を内在させているからだろう。

　かくいうわたしも、「観察のため」と称して、伝統的養蜂にはまっているひとりである。

▲採蜜の作業。タッコから取り出した巣と蜜を鍋で煮、その後、布袋で濾して蜂の死骸やゴミを取り除く

▲タッコの移動。営巣が確認できたタツコは、仕掛けた場所から自宅へと移動される。おおむね働き蜂がタッコに帰還する夜の時間帯におこなわれる

▲庭先に複数置かれた観音開きのタッコ。川島さんの家の庭には、数多くのタッコが置かれている。各所に仕掛け営巣したタッコは、自宅へと移動する。害敵であるクマの襲撃を回避するためである

▲タッコを仕掛ける。適所にタッコを運ぶ。傾斜がきつい場所へ設置する際にはタッコを背負って運ぶ

イノシシと暮らすシマ

大西《おおにし》 秀之《ひでゆき》

概説地図（p. 102）
9−3

奄美のイノシシ猟

鹿児島県の奄美大島でフィールドワークをしていたときのことである。ふと、林道入口にある看板が目に入った。それは狩猟者に対して注意を呼びかけるものであった。それまでにも、何度か調査のために訪れていたはずの場所であったが、そうした看板を気にとめたのは、そのときがはじめてであったように思う。だが、よくよく注意してみると、そこかしこに狩猟に関係する看板が掲げられていることに遅まきながら気づいた。

イノシシ用のワイヤー罠の設置作業

この経験がきっかけとなって調べてみたところ、シマには、かなりの人数の狩猟者がいることがわかった。そして、狩猟の対象となっているのが、もっぱらイノシシであることを知った。

シシ猟で定められたイノシシ【写真：尾方　司】

奄美大島における「シシ猟」――シマの人は一般にイノシシを「シシ」とよぶ――は、現在、銃猟と罠猟によっておこなわれている。もっとも、銃猟であれ罠猟であれ、シシ猟をおこなうシマの人びとは、イノシシの生態・行動に関する豊かな知識をもっている。たとえば、イノシシのとおり道を知ることは、猟の成否を左右するため、狩猟者たちは「シシ道」の把握に余念がない。ただ、そうした知識のなかには、「ほとんどのシシは右利きであるから、右前足に掛かるように罠を仕掛ける」といったような、行動学的に裏づけられないものも含まれている。とはいえ、それもまた、シシ猟のなかで継承されてきた奥深い知識にほかならない。

リュウキュウイノシシ
【学名：*Sus. scrofa riukiuanus*】

リュウキュウイノシシは、ニホンイノシシ（Sus. scrofa leucomystax）の南方亜種で奄美大島、徳之島、沖縄本島、石垣島、西表島に分布している。それぞれ地域による違いはあるが、おおむね体長 90〜110 cm、体重 40〜70 kg と、ニホンイノシシに比べるとかなり小型である。生態的・行動的特徴は、ニホンイノシシとほとんど差異はないが、繁殖期が春と秋の２回ある。これは、生息域が亜熱帯であるためと考えられている。なお、ニホンイノシシとの系統関係については、同種が島嶼《とうしょ》化で小型になったものとの見解が一般的であるが、頭骸骨の形質などから原始的な別種とみなす見解もある。

イノシシの両義性

イノシシ猟は、シマの暮らしに深く根づいた営みである。何よりも、イノシシの料理は、シマでは御馳走のひとつである。このため、奄美大島の中心である名瀬の市街では、シシ料理を出す飲食店を少なからず目にすることができる。

もっとも、こうした食としての需要以上に、シシ猟の多くは、害獣駆除という名目のもとにおこなわれている。実際、イノシシによる農作物被害が、奄美大島の各地で頻繁に起きている。このような被害を裏づけるように、イノシシから農作物を守るための「シシ垣」がシマのあちらこちらに設置されている。イノシシは、山の恵みであるとともに、田畑を荒らす招かれざる厄介者でもあるのだ。

ただその一方で、シマのイノシシは、南西諸島のみに生息する固有種であり、現在、環境省のレッドデータブックに記載される絶滅危惧種となっている。田畑を荒らす害獣でもあり、絶滅が危惧される保護すべき希少種でもあるイノシシは、シマの人びとにとって非常にアンビバレント（両義的）な存在である。

シマのご馳走である「シシ料理」
【写真：神松幸弘】

環境アイコンとしてのイノシシ

このような両義的なイノシシのあり方は、今日、シマが直面する環境保護という課題にも繋がっている。とりわけ近年、奄美大島は、生物多様性を保持する豊かな自然を背景として、世界遺産への登録を模索しており、環境保護は急務な課題となっている。

しかしながら、環境保護への取り組みは、よそ者が考えるほど簡単なものではない。離島であるシマの暮らしを維持しつつ、どのように環境を保護してゆくかは、まだまだ手探りの状況が続いている。

イノシシを例に引くならば、農作物が被害にあうのを我慢してでも、希少なシマの固有種を守るために狩猟を規制できるか、という問題となる。より率直に言い換えれば、イノシシ――ひいては環境――を守るために、シマの人びとに不利益や犠牲を強いることができるか、というシビアな問いかけとなるだろう。そういった意味で、イノシシは、まさにシマがかかえる環境問題の複雑さのシンボル＝「環境アイコン」とみなしうる存在といえよう。

イノシシから農作物を守る「シシ垣」

飼育されているイノシシ【写真：尾方　司】

ウシガエルを釣って食べる

周《しゅう》　達生《たっせい》

概説地図（p. 102）
9–4

帰化したウシガエル

北米東部原産のウシガエルは、一九一八年、東京帝国大学の渡瀬庄三郎教授がアメリカから取り寄せた数匹から日本での養殖が始まり、今日では日本の帰化動物のひとつになっている。

ウシガエルはアシやマコモの根元付近にひそんでいるが、繁殖期にはヒシの葉の間に浮いていることもある

渡瀬さんは、農家が副業としてウシガエルを養殖し日本で食用として普及させようとしたが、そのもくろみははずれて、あまり食用にされなかった。それでも、粗放的な養殖が続けられたのは、一九八九年、日本の冷凍ガエルに農薬のBHCが検出され、アメリカがその輸入を禁止するまで、アメリカへの輸出があったからである。戦時中の中断はあっても、アメリカへの輸出は戦前からあったのだ。今日、各地の水郷地帯や農村の溜《た》め池で野生化しているウシガエルは、養殖池から脱出したり、廃業した養殖業者が野放しにしたものの子孫なのである。

瀬戸内式気候の兵庫や香川、大阪南部には、水の不足を補うための溜め池が多くつくられていた。今日では、農地が宅地に造成されたり、わずかの溜め池も護岸を施されたりして、生息域や餌生物が減少したためウシガエルの数は減ったが、まだいることはいる。

ウシガエルの釣り方、食べ方

ウシガエルだけではないが、カエルは食べられるものでも、動かないものには反応しない。逆に、食べられないものでも、目の前で動かしてやれば、それを餌とみなして、パクッと食いついてくれる。これを「動眼視」とか「運動視」というのだが、かつてのウシガエル釣りは、この動眼視を利用した釣りであった。

水田がまだたくさんあって、農業用水路がコの字型のコンクリートで護岸されていなかった昔は、いくらでもいたトノサマガエルを餌にし

ウシガエル
【学名：*Rana catesbeiana*】

両生類は、カエルの仲間の無尾目と、イモリやサンショウウオ、オオサンショウウオの仲間の有尾目に分けられている。日本のカエルは、五科八属三四種五亜種。ヒキガエル・アマガエル・アカガエル・アオガエル・ジムグリガエルの五科のうち、ウシガエルはアカガエル科に含まれている。ウシガエルの養殖は日本ではすたれたが、中国では盛んで、タイやシンガポールなど東南アジア各地の市場でも食用に売られている。

針のついた疑似餌で逃げられないところを写真におさめた

足が地面につかない限り、もがけないので、腰部をつかんで針をはずす

釣れた獲物の竿を持つ女性たち

た。環境に変化があって、餌ガエルを捕るのがむずかしくなってからは、擬似餌で釣るようになったが、ウシガエルを釣るには、釣り糸にぶらさげたトノサマガエルやその代わりの擬似餌を、目の前で上下動させてやればよい。ウシガエルの姿が、アシやマコモなどの水草の間に見えていなくてもかまわない。ここぞと思うあたりに糸をたらし、餌で水面をたたくと、近くにひそんでいたものが近づいてきて、パクッと食べてくれるからである。

　ナマズを釣るときも、トノサマガエルなどの小ガエルの生餌で水面をたたいて釣る。このナマズの釣りには「ポカン釣り」という名称があるけれども、ウシガエル釣りは、採捕業者は別にして一般の人びとはほとんどやらない。だから、その釣り方の名称はもちろんないのだが、強いていうなら、カエルのポカン釣りになるだろう。

　ウシガエルのことを「食用ガエル」ともいうと書いた本があるが、これはぐあいがわるい。食用にされるカエルはほかにもいろいろあるからだ。フランスで食用にするカエルはヨーロッパトノサマガエルであり、中国では「虎紋蛙」というトラフガエルなどであり、日本でも、今は沖縄県指定の天然記念物になっているナミエガエルは、かつてはそこの食用ガエルであった。

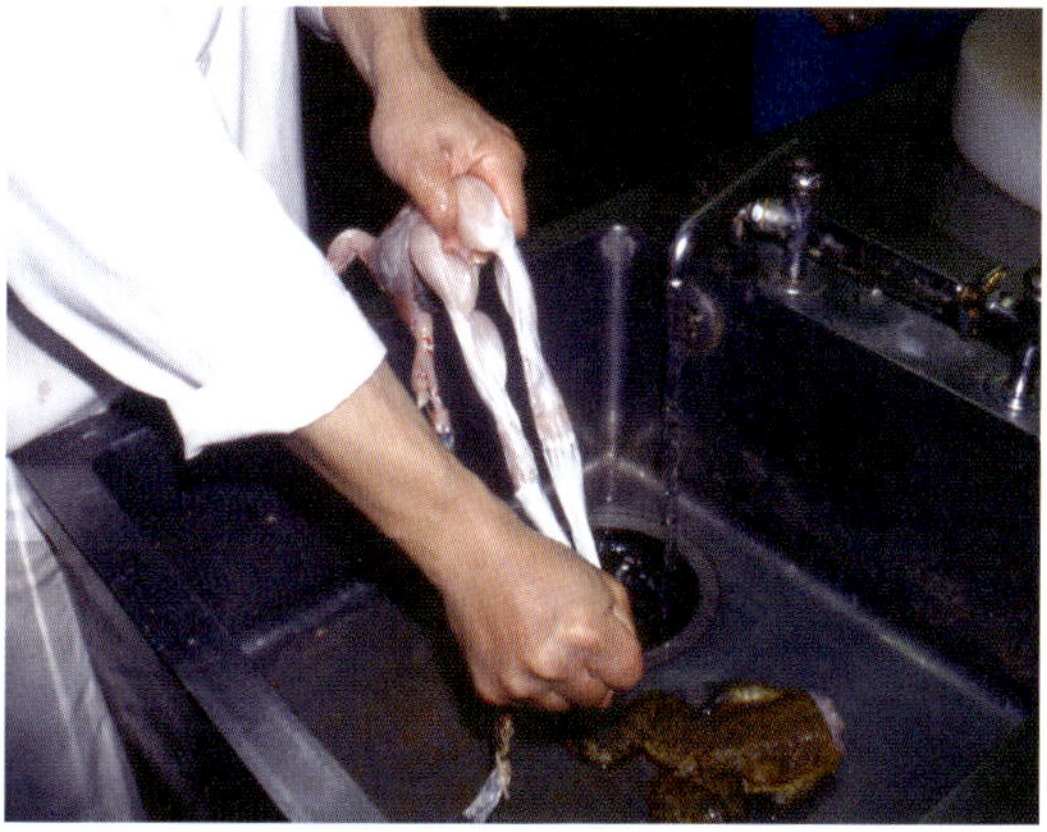

皮をはぐ

　それはともかく、日本では、ヤキトリ屋でウシガエルの串焼きを出したり、珍しいところでは兵庫県篠山でウシガエルの水炊きというのを食べたことがある。中国でも「牛蛙」は、種々の料理法があり、炒め麺のトッピングにも使われていた。自分でやるのなら、もっとも簡単なのはから揚げだろう。

植物油で揚げ、小皿に入れた塩コショウをつけて食べる

干潟の小さきものたち

飯田《いいだ》　卓《たく》

概説地図（p. 102）

9–5

奄美大島で貝類調査をしていたときのこと。潮が引いた昼どきの干潟に、二人の女性が出ていた。一人は足が悪いらしい。いつものように、どんなものを探しているのか見せてもらった。干潮時に干潟を歩いている人は、日本でもマダガスカルでも、こころよく話をしてくれる。

　足が悪いほうの女性は八三歳で、体がなまってしまわないよう海に出ているだけだと言った。もう一人の初老の女性は、つき添いの隣人だった。

　「でも、こんなものも拾っていますよ」と言って見せてくれたのは、メタリック・グリーンのあざやかな殻をもつ小動物。ミドリシャミセンガイである。貝類に似ているが、軟体動物とはまったく別系統の動物だ。奄美大島北部ではツム（爪）またはツムンニャ（爪貝）、ツムックヮ（爪ちゃん）などとよばれる。なるほど、マニキュアを塗った爪のようにきらきら光る。

　「食べてごらんなさい、おいしいから」。

　言われるままに、殻から長くとび出した柄の部分（肉茎、三味線に見立てれば棹の部分）を口に運ぶ。太いモヤシくらいの大きさで、こりこりと歯ごたえがあり、悪くない。酢味噌あえにするとよいと聞き、なるほどと思った。汁にすると、最高のだしがとれるという。

潮干狩りの達人

　次々とシャミセンガイを掘り当てる老人をまねて、やみくもに地面を掘ってみるが、まったく見つからない。

「小さな穴が二つ、一列に並んでいるのが、ツムの隠れているところ」、と説明するうちにも、老人の獲物は増えていく。目をこらして掘ってみて、ようやく二個、三個と掘りあてた。土ごとつかんで掘りあげるとき、固着していた柄が地面からぶちっと離れるのがわかる。

　一〇分ほどして、老人は帰ろうと言いだした。わたしは、つき添いの女性と話しながら歩きだすが、ふり返ると、帰ろうと言いだした当人が、またしゃがみこんで穴を掘っていた。潮干狩りは、好きな者にはなかなかやめられないものなのだ。

シャミセンガイとE・S・モース

　じつはこのシャミセンガイ、人類学ともかかわりが深い。アメリカ人エドワード・S・モースが明治時代に日本にやって来たのは、このシャミセンガイを研究するためだった。

　モースはのちに、東京帝国大学の動物学研究

ミドリシャミセンガイ
【学名：*Lingula anatina*】

腕足動物門舌殻綱舌殻目シャミセンガイ科シャミセンガイ属の代表的な種。潮間帯の砂泥地中に生息する。2枚の殻をもつ点で貝類に似るが、まったく別系統の動物で、固着のための器官である柄（肉茎）は殻に収まらない。干潟の埋め立てとともに数が減少しており、環境省のレッドリストのカテゴリーでは準絶滅危惧種に分類される。有明海に生息する同属のオオシャミセンガイは、絶滅危惧Ⅰ類。いずれも、有明海では「メカジャ」とよばれ、食用にされてきた。

【提供：毎日新聞社】

室を創始し、大森貝塚を発見して縄文研究を開拓した。また、日本滞在中に集めた民具を持ち帰り、セイラム・ピーボディ博物館に収めた。この資料をもとに、民博では、一九九〇年に特別展「海を渡った明治の民具」を開催した。

　モースが日本ではじめてシャミセンガイと出会ったのは、かれが日本初の臨界実験所を設置した神奈川県・江ノ島海岸だった。生物学者によれば、こうした珍種が江ノ島にいたことは、今となっては大きな驚きだという。海岸線の人工化が、いつのまにかシャミセンガイを希少種にしてしまったのだ。

　同じことは、民具についてもいえる。好景気と不景気をくり返し、さまざまな理由で暮らしが変化するうち、気づいてみると、身のまわりから消えてしまったものが少なくない。生きものたちへのまなざしは、わが暮らしへのまなざしにも大きく重なる。

民博特別展「海を渡った明治の民具」（一九九〇年）のちらし。約百四〇点の民具が展示された

学童たちも、シャミセンガイの干潟で課外学習をする。後景には、人工的に潮だまりをつくる石垣が見える。かつては、この潮だまりで魚を拾っておかずにした ▶

シャミセンガイの干潟では、道路拡張がおこなわれていた。干潟は少しずつ小さくなっている

強壮の生薬として珍重された獣

佐々木《ささき》 利和《としかず》

概説地図（p. 102）

9–6

「おっとせい」あるいは「オットセイ」という動物。皆様、ご存じだと思う。動物園や水族館で大きな毬を鼻に乗せている姿を連想される方もいるだろうし（ほんとはちがうのだが）、あるいはハーレムを作る動物としてのほうがよく知られているかもしれない。また毛皮獣としても有名だろう。

おっとせいの獣名は「おっとつ」

ところで「おっとせい」は、どんな言葉に由来するのだろうか。英語？　ではないし、ロシア語でもない。そう、これは日本語なのだ。

ものの本によれば、日本では寛永一五（一六三八）年刊の『俳諧毛吹草』に出てくるそうで、江戸時代にはすでに知られていた動物である。有名な『本朝食鑑』に「膃肭臍　釈名俗訓乙土世伊」と記されているので、「おっとせい」は本来「膃肭臍」と書いていたのがわかる。読み方には「おっとせい」のほかに「おっとさい」というのもある。当然「臍」の読みだろう。

明の李時珍があらわした『本草綱目』獣部第五十一巻には、「膃肭」獣と採録されている。読みは「おっとつ」。異名で「海狗腎」ともいう。

これを小野蘭山著『本草綱目啓蒙』での解説によってみると、「膃肭ハ獣ノ名、外腎ヲ用ユルニ臍ヲ連ネトル、故ニ膃肭臍ト云」とあり「本邦（日本のこと）ニテ直ニヲットセイヲ獣ノ名トスルハ誤リナリ」とつづく。膃肭臍は膃肭という獣の外腎（腎は五臓の一、内腎と外腎があるとされる）であって、動物の名ではないということだ。

したがって「おっとせい」の獣名は「おっとつ」ということになる。図は『蝦夷島奇観』に所蔵のものである。その作者である村上島之丞は、李時珍を引いて『唐書』などにみられるこの獣の産地や名称等を紹介しているが、ここでは触れない。

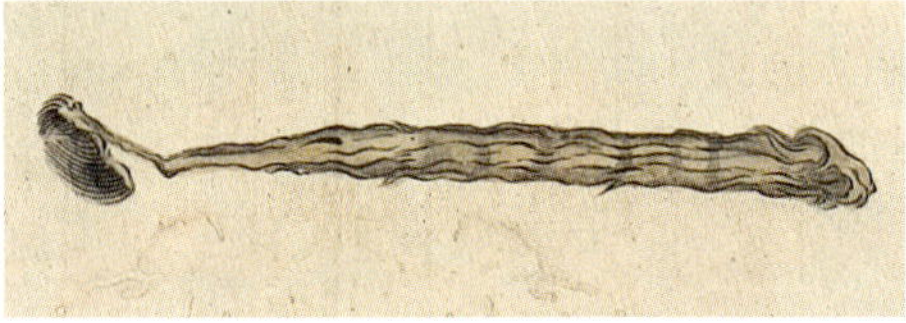

これが「おっとせい」（膃肭臍）。実は陰茎

さて、「おっとせい」だが、その外腎（すなわち膃肭臍）は強壮の生薬として珍重されていた。

アイヌ語から中国語へ

「おっとせい」は北太平洋やベーリング海に繁殖地を有していて、日本近海には樺太島南端のロベン島（海豹島）に繁殖地をもつ「おっとせい」が、オホーツク海沿いに南下して多くは北海道の噴火湾にはいり、一部が奥尻島沖へ回遊している。なかには千葉県沖にいたるものがあるとのこと。

で、「膃肭」ということばだが、金田一京助氏によれば、もともとアイヌ語のオンネップ（onnep）が日本語に入ってウネウ（unew）と

オットセイ
【学名：*Callorhinus ursinus*】

食肉目アシカ科アシカに類似する海獣であるがアシカよりも小型で体長は雄2.5 m、雌で1.3 mほど。からだは紡錘形を呈し、四肢は短くヒレ状。陸上歩行ができる。前肢は遊泳と歩行に用い、後肢は海中では遊泳に用いる。体色は成獣の背中で黒茶またこげ茶。体毛は上毛と下毛に分かれ、下毛は短く密生する。繁殖地は北太平洋、ベーリング海のプリビロフ諸島、コマンダー諸島、南樺太のロベン島など。海棲の毛皮獣としてラッコとともに珍重され、大量捕獲されるようになると激減を恐れ、1911年、日米加ソ連の4か国で国際協定を締結した（「オットセイ保護条約」1988年失効）。南半球にはミナミオットセイ属が棲息する。（西脇昌治『鯨類・鰭脚類』東大出版会、1965年による）。

▲おっとせいが泳ぎながら寝ているところ。必ず白い鳥が側にいる

▲噴火湾での狩猟

日本の役人に差し出してほうびをもらう

図版出典：佐々木ほか 編『蝦夷島奇観』雄峰社、1982 年から引用

訛《なま》り、それが長崎を経て中国にはいって膃肭になったのだろうと推定されている。つまりオンネップが音訳されて膃肭になったというのだ。

金田一氏は中国語では「ウンネウであったはずだ」という（『金田一京助全集』六）。中国出身でかつての同僚、韓敏さんにうかがうと、この文字は現代のことばではwànàと発音されるとのこと。なんとなくオンネップやウンネウを彷彿してないだろうか。

中国で膃肭臍が生薬となり、『本草綱目』に記載され、それが日本の本草家のバイブルのようなものであったから、日本でもさまざまな本に引用されるようになり、商人たちの取引の対象ともなった。

苛酷な猟の対象物

ところでロベン島の「おっとせい」は噴火湾に回遊すると書いたが、一一月から一二月が最大数に達する。

一八世紀から一九世紀なかばにかけて、この「おっとせい」をめぐって噴火湾のアイヌの人びとは海上に猟に出た。捕らえた「おっとせい」は徳川将軍への献上品となる。だから松前藩や松前奉行所はアイヌを競わせて一頭でも多く捕獲させた。内湾とはいえ、冬の海。きわめて苛酷な、しかも危険の多い海獣猟だ。コタン（集落）ごとに猟域が厳しく決められているから、一日、猟に出ていても一頭の捕獲さえできなかったことが多かったという。「おっとせい」を猟するのは、唯一アイヌの人びとだけで当然獲得数は限られる。献上した残りを商人たちが競って求めたが、にせものがとても多かったということだ。

おわりに

本書は、国立民族学博物館（略称：民博、通称：みんぱく）の発行する『月刊みんぱく』（一九七七年一〇月創刊）において二〇〇四年四月号より二〇一〇年六月号にかけて連載された「生きもの博物誌」シリーズのエッセイ七五本より、とくに食物の対象となるものをあつかった四五本を抜粋し、あらたに書下ろし三本をくわえたものである。

『月刊みんぱく』は、文化人類学を中心とする幅広い研究活動と民博の博物館活動について、毎月市民にむけ発信する広報誌で、民博の研究者やかかわりの深い研究者が、世界中で展開するさまざまな研究活動を紹介するほか、研究講演・公演やシンポジウムの解説、民博の展示・収蔵資料や展示関連のイベントなどについての情報を提供している。

すでに『月刊みんぱく』の連載記事をもとに、『月刊みんぱく』編集部編で五冊の単行本がまとめられている。『一〇〇問一〇〇答・世界の民族』（河出書房新社　一九九六年）、『一〇〇問一〇〇答　世界の民族生活百科』（河出書房新社　一九九九年）、『キーワードで読みとく世界の紛争』（河出書房新社　二〇〇三年）、『世界民族博物誌』（八坂書房　二〇〇三年）、『世界民族モノ図鑑』（明石書店　二〇〇四年）で、いずれも民博研究者やかかわりの深い人びとが、専門の研究対象地域と専門領域の知識をいかし執筆した、世界的視野にたつハンドブックである。

さて、お手元の本書『食べられる生きものたち――世界の民族と食文化48』は、とりわけ民博ならではの企画といえる。タイトルが示唆するように、内容は、世界各地で、人びとととともに「共存」し、また「地域の味」としてしっかりと息づいてきた「食べられる生きものたち」である。世界各地で人びとと暮らし、食をともにしてきた、民博を中心とする文化人類学者たちが、それぞれのフィールドで食べられる生きものと接し、めくるめく食体験にいたるまでをわかりやすくかたる。

生きるために、人は生きものを食べねばならない、という宿命を負っている。人に食べられる生きものたちは、地域の気候や大地、水によってはぐくまれると同時にそこに住む人びとともに生きてきた。人びとはその生きものを食べものとして利用しつつ、育て、増やし、さらにかれらが生きるための環境をまもってきた。そこには人と生きもののあいだに独特の関係が築かれ、また地域の物質文化や信仰、身体・健康観や世界観と分かちがたく結びついている。ファストフードやグルメ志向により食生活の偏りや希少生物の危機が叫ばれる今日、伝統的に世界各地域で食べられ続けてきた生きものたちにいま、あらためて目を向けてみたい。持続的な地産地消の原型がそこにある。

本書では、民博本館展示での地域展示にほぼそった形で、エッセイを地域ごとにふりわけた。ただし、地域の掲載順は、民博本館展示での地域展示順とは異なっている。各地域の始めには、民博ガイドブックなどの地域展示コーナー概説を、一部修正して掲載し、地図には、所収したエッセイでふれられる地域を示した。全体として地域ごとのバランスを考慮して、数本の書き下ろし原稿を加えた。

本書の編集は、『月刊みんぱく』前編集長・久保正敏（二〇〇八年四月号〜二〇一一年七月号）と現編集長・庄司博史（二〇一一年八月号〜）が担当した。連載が長期間にわたったため、初期の原稿のいくつかは、現状に合わせ、記述内容の変更や確認が必要なものもあった。また一冊の本にまとめるにあたり、内容や記述形式の統一、写真の入れ替えなどなどで執筆者の手をわずらわせることもあった。海外出張、あるいは転勤のためすでに元資料が手元にない場合もあったが、いずれの場合も執筆者たちは編集者の依頼にこころよく応じてくれた。執筆者の方々に篤く御礼を申し上げる。また、タイトなタイムスケジュールにあわせ、編集者をひっぱってくれた丸善出版の松平彩子氏に感謝したい。

責任編集　久保正敏（『月刊みんぱく』前編集長）
庄司博史（『月刊みんぱく』編集長）

周　　達生	国立民族学博物館名誉教授
庄司博史	国立民族学博物館民族社会研究部
新免光比呂	国立民族学博物館民族文化研究部
竹川大介	北九州市立大学文学部
立川陽仁	三重大学人文学部
田村典江	株式会社自然産業研究所
長谷千代子	九州大学大学院比較社会文化研究院
中牧弘允	吹田市立博物館
野中健一	立教大学文学部
浜口　尚	園田学園女子大学短期大学部
林　勲男	国立民族学博物館文化資源研究センター
林　耕次	神戸学院大学人文学部
原田一宏	兵庫県立大学環境人間学部
藤本　武	富山大学人文学部
藤原潤子	総合地球環境学研究所
松田　凡	京都文教大学文化人類学科
マリア・ヨトヴァ	国立民族学博物館外来研究員
宮脇千絵	総合研究大学院大学文化科学研究科博士課程
山本　睦	埼玉大学非常勤講師
山本紀夫	国立民族学博物館名誉教授
吉田　睦	千葉大学文学部

執筆者一覧（五〇音順）

青山和夫　茨城大学人文学部
安髙雄治　関西学院大学総合政策学部
阿良田麻里子　東京工業大学「ぐるなび」食の未来創成寄付講座特任助教
李善愛　宮崎公立大学人文学部
飯田卓　国立民族学博物館民族社会研究部
伊賀上菜穂　中央大学総合政策学部
池谷和信　国立民族学博物館民族社会研究部
石田慎一郎　首都大学東京社会人類学分野
市川哲　立教大学観光学部
稲村哲也　愛知県立大学外国語学部
井上敏昭　城西国際大学福祉総合学部
岩崎・グッドマン・まさみ　北海学園大学人文学部
宇田川妙子　国立民族学博物館民族社会研究部
大西秀之　同志社女子大学現代社会学部
小野林太郎　東海大学海洋学部
金子正徳　三重大学人文学部非常勤講師
川口幸大　東北大学大学院文学研究科
菊澤律子　国立民族学博物館民族文化研究部
岸上伸啓　国立民族学博物館研究戦略センター
小林繁樹　国立民族学博物館文化資源研究センター
小松かおり　静岡大学人文学部
笹岡正俊　国際林業研究センター（CIFOR）
佐々木史郎　国立民族学博物館先端人類科学研究部
佐々木利和　北海道大学アイヌ・先住民研究センター
佐治靖　福島県立博物館
篠原徹　琵琶湖博物館

食べられる生きものたち
——世界の民族と食文化 48

平成 24 年 7 月 30 日　発　行

編　者　『月刊みんぱく』編集部

発行者　池　田　和　博

発行所　丸善出版株式会社
〒101-0051 東京都千代田区神田神保町二丁目17番
編集：電話(03)3512-3264／FAX(03)3512-3272
営業：電話(03)3512-3256／FAX(03)3512-3270
http://pub.maruzen.co.jp/

組版印刷・有限会社 悠朋舎／製本・株式会社 星共社

ISBN 978-4-621-08566-0 C 0039　Printed in Japan